JN208257

確定拠出年金教育のプロが教える！

将来の年金不安を解消したいなら今すぐiDeCo（イデコ）つみたてNISA（ニーサ）をはじめなさい

（一社）確定拠出年金アドバイザリー協会

細入 徹

1級DCプランナー・中小企業診断士

自由国民社

はじめに

年金2000万円不足の衝撃！・・でも本当はもっと深刻な話なのです。

　2019年6月に金融庁から出されたレポートの「老後生活2,000万円不足」の部分だけが強調された感はありますが、結果的には日本中が衝撃で動揺しています。老後生活を30年とすると、生涯で2,000万円位不足するということですが、これは、どういう意味なのでしょう。

　実はとても単純な話なのです。厚生労働省が年金支給のモデルケースというものを公表しています。専業主婦の家庭で、夫が40年フル勤務した場合の夫婦の年金支給額は国民年金と厚生年金で月に約22万円。

　一方、老後の生活費は総務省の家計調査によると月に約27万円。したがって毎月約5万円（年間約60万円）不足することになります。ですから老後30年とすると1,800万円位、ほぼ2,000万円不足するという話です。

年金不足が2000万円、でもこれだけで済まない？

年金支給額は？ 毎月 約22万円	⬌	老後の生活費は？ 毎月 約27万円
・厚生労働省のモデルケース ・専業主婦の家庭で 　夫は40年フル勤務		・総務省の家計調査報告 ・毎年多少異なるがほぼ27万円

毎月約5万円の不足！（年間60万円）
老後を30年とすると　およそ**2,000万円**！

実は、これだけじゃあ済まないんです！
少子高齢化の中で年々支給額を目減りさせていく計算が含まれていません！
⇒若い人の不足はこの2倍にも！

でも、大丈夫です！
頑張る必要なんてありません！
毎月コツコツ少額を積み立てながら、お金にも少しだけ働いてもらえば、なんとかメヤスがつきます！

「将来の年金なんてあてにならない」と誰もが漠然とそう思ってはいましたが、何だかよくわからないイヤな話なのでみんな心にフタをしていました。

　そのフタが金融庁のレポートをきっかけに、こじ開けられてしまったわけです。この衝撃は思いのほか強烈で、それ以来、確定拠出年金や保険会社の個人年金保険への関心が突然のように高まっています。

　でも皆さん、もっと問題なのは実はこれだけの話では済まないのです。

　この2,000万円不足は、今の年金をこれからもずっと同じように受け取れるという前提での話です。

　しかし、少子高齢化が進む中で、長い年数をかけてジワリジワリと徐々に年金を目減りさせていかざるを得ないというのが国の年金行政です。

　そして30年後は、2割、3割と年金が目減りしてしまいます。

　2,000万円の話には、この部分が加味されておらず、現実は若い人ほど、もっと深刻な話なのです。

でも大丈夫、努力なんてしなくても誰もが解決できる課題です！

　若いうちから「将来に備えなければ」ということに気が付くか否かだけで、自分の将来が全く違った世界になってしまいます。そうは言っても、残念ながらゼロ金利のいまの預金レベルでは、とても間に合いません。

　しかし、若い人ほど、たっぷり時間があります。この長い時間を活かして、毎月コツコツと少額ずつを積立てながら、お金にも少しだけ働いてもらい、堅実に将来への貯えを育てていく必要があります。

　「でも、途中でリーマンショックのような大暴落だって起こるじゃないか！」・・・誰もが一番心配するのはこのことです。

　ところが、将来に備えて毎月コツコツ積み立てている人にとっては、実はこういう低迷時こそが、最高の稼ぎ時なのです。努力なんて要りません。基本的に放ったらかしがベストなのです。相場を読んで頑張った人ほど損

をしやすいのが現実なのです。

　こんなことはにわかには信じられないかもしれませんが、実は、ここが毎月コツコツ積み立てながら堅実にお金を育てる運用の特徴の一つなのです。そして、少しも難しい話ではありません。

　堅実に自分年金をつくるというのは、株の相場を読んで切った張ったといじくり回すようなややこしい話ではなく、もっと極めてシンプルな話だということを市場は私達に語りかけています。

　結論は下図（本書では151頁）に示すように極めて単純明快、誰にでもできる話に過ぎません。その事実を実際の市場で一つ一つ体験していただきます。

堅実な年金づくりって単純、誰でもできる！──市場はそう語りかけています！

❶ 堅実な資産づくりって、目先の相場を読んで、切った張ったをすることではありません。

❹ 結局、どの商品を選ぼうかよりも、内外の株・債券をどういう組合わせにしようか、この方がはるかに影響が大きいのです！

❷ プロが運用する商品（アクティブファンド）なら市場を出し抜けるか？・・中々、市場全体に勝てないんです。
また、頑張ったファンドも、いつまでも頑張り続けられるか、これも難しいんです！

❺ そして、相場に惑わされず、自分の選んだ組み合わせをしっかり守っていく！
・・・これが肝心です！

❸ 特に、積立の場合は頑張ったファンドと頑張れなかったファンドの差が出にくい傾向があります。
（だから、積立って気が楽ですね）

❻ 堅実な運用なら誰でもできる、とても単純な話です！
だって、相場を読んだり頑張った人ほど損をしやすいのですから！

若い人が将来に夢を失っています。でも、夢は必ず取り戻せます！

　日経産業地域研究所が2015年に20代前半の若い世代に行った意識調査（「若者たちが最も望む日本の将来像」）をネットで見ると、ダントツが「引退しても老後の不安がない社会」。そして、それが「実現できる」と考

える若者は1割にも満たないとのことです。

　しかし、「将来の年金不安って一体どの程度のものなのか」、「それって乗り越えられそうな話なのか、それともあきらめるより仕方がない話なのか」という辺りがサッパリ分からないまま、ただ、不安に不安をつのらせるのがこうした人たちの実態ではないでしょうか。

　確かに、今の行政の延長線で考える限り、年金が年々先細るなかで特に今20代、30代の若い人の将来の年金の目減りは半端ではありません。とても、預金でちょっと頑張れば程度で備えられる話ではありません。でも、こうした若い方も、この本を読み終わるころにはきっと将来に「これなら何とかなりそうだ」と自信と安心を抱いてもらえると思います。

一番大事なのは、まず将来の生活設計が立てられること！

　私は、確定拠出年金に加入した少人数の企業を中心に、長年、研修の講師経験を積み重ねてきました。受講するほとんどの方は「投資なんて考えたこともない。考えたくもない。でも年金は不安だ」という人です。

　しかし研修が終わるときには大半の方が、「自分ならどのように資産を組み合せるか」を決め、「将来どの位の利回りが期待できそうなのか」を想定し、「年金が年々目減りしていく中で、もしタンス預金だったら、そして自分の資産配分だったら、今から毎月いくらぐらい準備する必要があるのか」を把握したうえで、コツコツと堅実に将来に備え出しています。

　皆さんも、この本が終わるころには、将来に向けた自身のライフプランができあがっているはずです。上述のように堅実に資産を育てるって、実は誰にでもできる、とてもシンプルな話なのです。あなたも「なんだ、こんな単純な話だったのか」と確信されるはずです。

確定拠出年金の最大の課題は"何をどうしたらいいのかがわからない！"

　この本は決して確定拠出年金だけを前提にしているわけではありません。

しかし確定拠出年金は国の年金の補完役として、スタートしてから既に18年も経っているだけに、ここから得られた課題は貴重です。

　その確定拠出年金が示してきた最大の課題は、導入教育が日本中で思うように機能していないことです。すでに700万人以上が会社で実施する確定拠出年金（いわゆる企業型確定拠出年金）に加入していますが、研修を受けた後も何をどうしていいのか分からないまま、大手企業を含め資産の6割位が、もったいないことに、ほとんど利息の付かない定期預金的な商品で放ったらかされています。

　2017年から専業主婦や公務員を含めて20歳から60歳までのすべての人が個人型の確定拠出年金（iDeCo、イデコ）に入れるようになりました。さらに2018年からは、運用益が非課税で年間40万円まで毎月コツコツ20年間積立てられる「つみたてNISA」（積立ニーサ、小規模投資非課税制度）が始まりました。

　しかし最大の問題は、実践的に年金づくりをするわかりやすい本や研修の場が決定的に欠けていることです。本書は実務で積み重ねてきた実績をベースに、このギャップを埋めることを目的としています。

企業の担当者のための頁も用意してみました！

　本書は個人を対象にしていますが、「退職金の制度はいろいろあって、どう考えたらいいのかわからない」「確定拠出年金を検討したいが社員に投資なんてさせられるのか」等で迷われている企業の人事担当者も少なくありません。そこで企業向けの章（10章）を用意し、いろいろな制度のしくみや選択の勘所を資産運用からの視点と併せてコンパクトに解説しました。

　将来の不安解消を目指して、まず一歩をご一緒に踏み出してみませんか。

2019年10月　　細入　徹

[目次]

第10章
法人の企業年金・退職金の選択肢を整理してみましょう…197

本文イラスト協力：山田夏実

序章

この章では、本書で説明する内容の手順と、筆者の意図していることを要約します。

本書では、皆さんが自分のライフプランを立て将来の年金不安を解消するための実践的な手法として、下図のような手順で話を進めていきます。

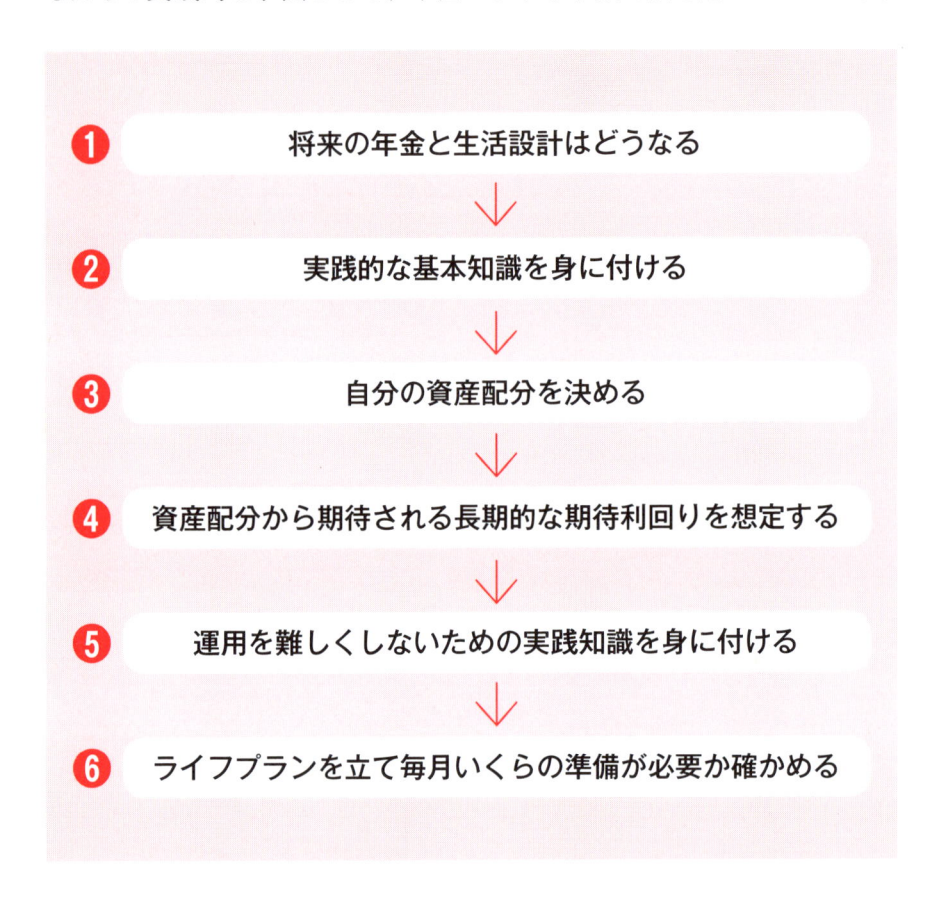

1. 将来の年金と生活設計はどうなる
2. 実践的な基本知識を身に付ける
3. 自分の資産配分を決める
4. 資産配分から期待される長期的な期待利回りを想定する
5. 運用を難しくしないための実践知識を身に付ける
6. ライフプランを立て毎月いくらの準備が必要か確かめる

❶ まず若い人の将来の生活設計はどうなるのかを図解してみます

　厚生労働省が発表するモデルケースや総務省の家計調査を整理すると専業主婦の家庭では現在、老後の平均的な生活費の約8割を年金で賄えそうな計算となりますが、厚生労働省は30年後、厚生年金を現在の2割程度、国民年金（基礎年金）を3割程度目減りさせる方針です。そうなると、今なら年金と多少の貯えなり退職金で何とかやり繰りできそうな老

後が、30年後までタンス預金で準備しようとしたら、平均的な老後生活費を確保するためには今から毎月8万円等の備えが必要になってしまいます。

でも手堅い運用を少し意識するだけで、毎月の準備負担は半分以下で済んでしまいます。

そして、会社が確定拠出年金で多少の掛金を負担してくれたり、退職金制度で何がしかの補てんができれば、そこそこゆとりをもって将来に備えられるかもしれません。

預金で老後に備えられれば一番気が楽なのですが、預金だけではあまりにも厳しすぎます。若干の運用の知識があるかないかで将来の生活が全く違うものになってしまうはずです。それも若い時期から準備し始めた人ほど断然有利なことを理解してもらいます。

❷ 実践的な基本知識を身に付けてもらいます

投資というと、「株を買うこと。相場を読んで最初に一発ドーンと買い付け、高くなったところでタイミングよく売りぬいて一儲け。でも読みが外れるとリーマンショックのように大やけど」。こんなイメージを抱いている人が多いのではないでしょうか。

しかし、皆さんのように年金づくりを目指し長期にわたって毎月コツコツと積み立てていく人は、相場なんて読んでも始まらないのです。リーマンショックのあとのように市場が大きく低迷したあの時期は、積立運用している人にとって人生でもう二度と経験できないぐらい有利な時期だったと言われたら信じられますか？

このような積立運用の特徴、そして騰落のバラツキを和らげるための資産の分散、長期で運用することの本当の意味等、堅実に資産を育てるための知識を整理します。

皆さんが今まで「投資」という言葉に抱いていたイメージがガラリと変

わるはずです。

❸ 自分の資産配分を決めます

　ここが一番大切なところです。平成29年8月末で既に630万人以上が会社が実施する確定拠出年金（企業型確定拠出年金）に加入しています。正規雇用者の5人強に1人が加入している計算です。

　大手中堅企業では、これまで加入していた制度をやめて確定拠出年金に移行するケースが多いのですが、資産の6割以上がほとんど利息の付かない定期預金的な商品で放ったらかしになっています。多くの会社は社員が2％位の年利回りで運用できることを前提に掛金を設定していますから、これではほとんど不利益変更の状態です。老後の生活設計を考えると、実にもったいない話です。確定拠出年金が日本でスタートして16年経ちますが、このように投資教育が思うように機能できていないのです。

　そのため、「自分にとって資産をどのように組み合わせたらいいのか」という一番基本で大事なところまで多くの人がたどり着けないのです。

　でも心配しないでください。難しい話でもなんでもありません。筆者の研修経験では、ほとんどが投資なんて考えたこともない人ばかりですが、皆さん、国の年金や退職金、企業年金を運用している事例等をいくつも見比べながら、「自分は取りあえずこの辺りの組み合せで出発してみよう」と決めて毎月コツコツと堅実に将来に備えています。

❹ 自分の配分から長期的な期待利回りを想定します

　確定拠出年金を導入する企業は、社員が自分の資産構成（以下、「ポートフォリオ」と呼びます）を決め、さらにその組み合わせから将来何％ぐらいの利回りを期待できるかを社員各自が想定できるようにすることが義務付けられています。でも、前項でお話ししたように加入者が自分の資産構成を組めるところまでたどり着けておらず、まして加入者が期待利回り

（「**期待リターン**」と呼んでいます）を想定するレベルまで研修できている
ケースは極めて少ないはずです。

　皆さんは自分の選んだポートフォリオだったら世間が長期的にどの程度
の利回りを期待しているのかをこの章で簡単に把握することになります。
そして、ここまで来ると資産運用についての実践的な意思決定の作業は
８割は終わったようなものです。

❺ 運用を始め出す上での実践知識を身につけ商品を選択します

　この項では、「相場を読まない、いじくり回さない。動き回った人ほど
損をしやすい」「プロでも市場を出し抜くのは難しい」「これまで頑張った
商品だからといって、いつまでも頑張り続けるのは難しそう」「積立運用
の場合、頑張った商品と頑張れなかった商品の差が出にくい」等、市場の
データをいろいろな角度で整理した結果を皆さんと一緒に確認しあいます。

　そして、この項の最後が商品選択となります。世間では何を選んだらい
いのか、ここで悩みだします。しかし皆さんは、もうこの時点では、特に
積立運用の場合、商品選択なんて大した話ではなくなっているはずです。

❻ ライフプランを立て、毎月いくらの準備が必要かを確かめます

　いよいよ、この本の集大成となります。この本の大半は投資の話で占め
られていますが、目的は投資ではなく、老後の不安を解消するためのライ
フプランを立てられるようにすることです。投資の知識はそのための手段
にすぎません。

　厚生労働省の目論みに沿って年金が年々目減りしていくことを前提に、
皆さんが決めたポートフォリオの期待リターンなら今から毎月いくらぐら
いを積み立てていけば良いのか、もしタンス預金だったら一体どれぐらい
の負担になるのかを、専業主婦の家庭、出産まで会社勤め、共稼ぎ、独
身等、立場の違いを考慮しながら計算してみます。

実際の研修では、パソコンでシミュレーションを行っているのですが、書籍であるため、表と電卓で計算してもらいます。何枚もの表を参照しますが複雑な計算をするわけではありませんので、ぜひ最後までお付き合いください。ご自身のライフプランを立て終えたとき、タンス預金で備えた場合とのあまりの差にきっと驚かれるはずです。

それも若ければ若いほど……。

■ 細かいことは気にせず、読み流して下さい

筆者はこの本で、資産運用はこうあるべきだと筆者の主観を主張する意図は全くありません。当然のことながら、人によって考え方は千差万別のはずです。いろいろな角度で分析し、第三者の立場で客観的に整理してみると、市場は私達に、「年金づくりのように毎月コツコツ堅実に資産を育てる運用なんて、結論的には非常に単純・明快な話に過ぎない」と語りかけているのではないでしょうか……そのことを皆さんと一緒に検証し合っていきたいと思っています。

それから、筆者は日ごろ、研修に際して「今日はちょっと長丁場です。皆さんは私の話す内容を覚え込もうなんて考えないでください。"へぇー、そんなもんかなぁ"と聞き流すだけで結構です。肝心なところは電卓を叩いてもらったり、頭の片隅に残しておくことをお願いします。でも大丈夫です。最後は皆さん、きちんと自分のライフプランを立てていますから」とこんな話をしています。書籍の場合は、文字を読み込んで頭で理解しなければならないので、聞き流すというような訳にもいきません。文字で表現しようとすると時には細かくしつこくなってしまいますが、わかりにくいところは気にしないで読み流してください。すべては、本書7章の最後のページ「結局、堅実な運用なら単純明快、誰にでもできる」という結論につなげる過程の話にすぎませんのでイメージをつかんでいただくだけで十分です。

第1章
将来の生活設計はどうなる？

少子高齢化が進むなかで、特に若い人の年金の将来の目減りは半端ではありません。預金でちょっと頑張れば、という程度ではとても済みそうにありません。

でも、若い人ほど将来に備える時間があるので、ちょっと意識を持つだけで違った将来が描けてしまいます。

投資なんかして大丈夫だろうか？ そんな問題意識を持っていただければ十分です！

1 もう年金はもらえない?

■ 年金はなくなりはしません。でも大幅な目減りに…!

　「国の年金が破たんする」「もう年金がもらえなくなる」。年金が話題になる都度、週刊誌の見出しにこんな文字が踊ります。国の年金、即ち公的年金は無くなるわけではありません。しかし、皆さんの想像以上に目減りしていくだろうということだけは確かです。

　現役の皆さんが毎月収めている厚生年金保険料、国民年金保険料は、それが皆さんの将来の年金として積み立てられていくわけではなく、今の高齢者の年金にあてがわれる仕組みになっています。問題は、少子高齢化が進む中で皆さんが高齢になった時に皆さんを支えてくれる現役人口がどんどん少なくなってしまうことです。

　以前は現役5人で高齢者1人を支えていたのに、いまは2人強、皆さんが高齢になるころは支えてくれる人はほぼ1人に。そこで国は、長い年月をかけて少しづつ少しづつ年金を目減りさせていこうとしています。いままでは、物価の上昇に合わせて年金も増える仕組みでした。しかし今後は少子高齢化の進み具合を踏まえながら、例えば物価が1.5％上がっても年金は1％位を削った0.5％しか増やさないようなしくみで、長い年月をかけて少しずつ目減りさせていくことになります。

■ 若いサラリーマンの将来の生活設計はどうなる?

　以下はモデルケースとして、夫は今35歳、30年後に年金が開始するものとして60歳定年まで40年フル勤務し、妻は出産まで会社勤めの家庭を想定して話を進めます。

本章の目的は、将来の年金の支給と生活費のギャップが今のお金の価値で評価すると、どんなことになりそうなのか、それってどうにもならない厳しい話なのか、今からなら何とか手を打てそうな話なのかを上記のモデルケースを使ってイメージしてみることです。

　そうは言っても皆さん一人ひとり、生活の事情が違います。専業主婦の家庭、出産まで会社勤め、共稼ぎ、独身、年齢、家族構成、収入、将来の退職金とそれぞれです。こうしたご自身の生活設計は、堅実な年金づくりの考え方が理解ができた本書の最後に実習しながら確かめ合うことにしましょう。

　もう一つ、はじめにお断りしておきます。本章は遠い将来のお金の収支の話なので足し算引き算、いろいろと数字を示すことになりますが、細かいことは気にせず、「そんなもんかなぁ」と、ごく大ざっぱに捉えてください。そもそも将来の年金の数字なんて相当にひどくなるだろうとは想定できても確かなことは誰にも分かりません。過去も厚生労働省が予測数字を発表する都度、甘い甘いと批判されてきました。

　それでも私達は何らかの目安を立て目標を持たなければ、とても遠い将来に備えるなんてできません。そこで以下は、各省庁等の発表データを使って、少なくともこれぐらいのことは覚悟しなくてはならないだろうな、という意図で話を進めます。

■ 将来の年金の目減りは？

　さて、**図表1-1の**①は厚生労働省がモデルケースとして平成27年に公表した年金の受給モデルです。夫が40年フル勤務した専業主婦の家庭の年金受給額を月22.2万円（年266万円）としています。

　でも専業主婦というよりも子供を出産するまでは会社勤めという家庭の方がずっと多いことから、この家庭のケースでは妻の厚生年金として年20万円程上乗せして夫婦で年286万円（月24万円弱）と仮定し、これを本章

1 将来、年金は毎年どのくらいもらえるの？

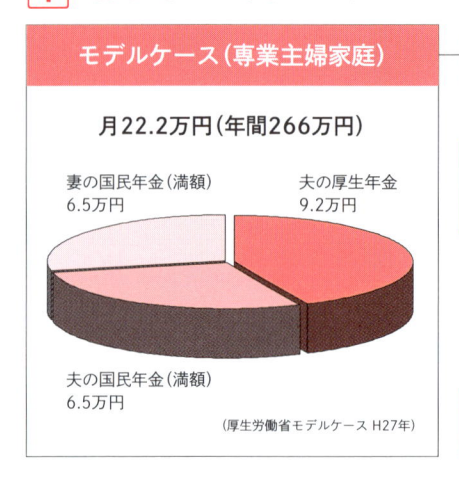

モデルケース（専業主婦家庭）

月22.2万円（年間266万円）

妻の国民年金（満額）
6.5万円

夫の厚生年金
9.2万円

夫の国民年金（満額）
6.5万円

（厚生労働省モデルケース H27年）

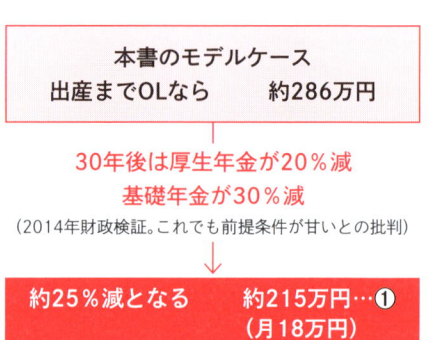

厚労省のモデルケース　266万円

本書のモデルケース
出産までOLなら　　　約286万円

30年後は厚生年金が20％減
基礎年金が30％減
（2014年財政検証。これでも前提条件が甘いとの批判）
↓

約25％減となる　　約215万円…①
（月18万円）

2 生活費はいくらぐらいかかるの？

（1）平均家庭なら
　　月27万円（年間324万円）…②

総務省家計調査報告 H26年
無職高齢者夫婦で月27万円
（うち社保料と税金で2.9万円）
但し、9割弱が持ち家

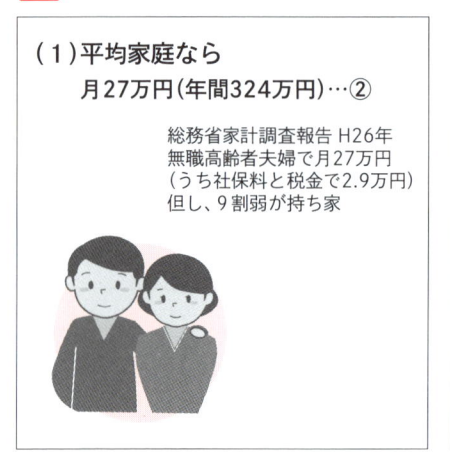

（2）ゆとり生活なら
　　月35万円（年間420万円）…③

ゆとり費用
12.8万円
（年154万円）

最低必要額
平均値22万円（年264万円）

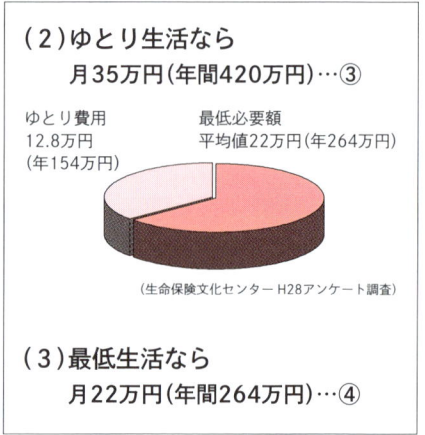

（生命保険文化センター H28アンケート調査）

（3）最低生活なら
　　月22万円（年間264万円）…④

3 毎年の不足は？（1）平均家庭なら　　108万円（①−②）…大雑把に100万円
　　　　　　　　　　（2）ゆとり生活なら　204万円（①−③）…大雑把に200万円
　　　　　　　　　　（3）最低生活なら　　48万円（①−④）…大雑把に50万円

のモデルケースとしてみましょう。

　ところが厚生労働省の試算では、30年位かけて厚生年金を20％程度、国民年金（基礎年金）は30％程度目減りさせることを目指しています。

　そうすると、夫婦で受給する年金が結果的に25％目減りしてしまい、年金の支給額は、現在の月24万円（年286万円）から将来は月18万円（年215万円）に減ってしまう計算になります。

■ その時の生活費は？

　老後の生活費は**図中の②**に示す総務省の家計調査では、約9割が持ち家を前提にしていますが、全国平均で月27万円（年324万円）とされています。

　一方、「ゆとりある老後に備えたい」、あるいは「せめて最低限の生活費位は確保したい」としたら、負担はどの程度のものになるのでしょう。

　図中の右下は、広く引用されている生命保険文化センターのアンケート調査（平成28年）の結果です。かなり上下にバラツキがある中での平均ではありますが、ゆとりある老後のためには月35万円（年420万円）、最低生活費なら月22万円（年264万円）と発表されています。一つの目安としてこれらの数字を使ってみましょう。

■ 将来の不足は、差し引き一体どの程度？

　平均的な老後の生活費は月27万円（年324万円）。年金支給額は現在の月24万円（年286万円）から将来は月18万円（215万円）目減りするということですから、今なら退職金や貯蓄など多少の備えが何とかやり繰りできても、30年後以降、今の若い人は毎月9万円（年108万円）も足りなくなってしまいます。

　最低生活なら、必要生活費が月22万円（年264万円）に対して年金支給額が月18万円（年215万円）で不足額は月4万円（年48万円）。

ゆとりある老後生活なら、必要生活費が月35万円（年420万円）に対して年金支給額が月18万円（年215万円）で不足額は月17万円（年204万円）。

　以上の話を単純にするために、将来の不足額は最低生活で年に50万円、世間並生活で100万円、ゆとり生活で200万円と大ざっぱに考えてみましょう。

　これを退職金や自助努力で備えていかなくてはなりません。そうすると、年金生活が始まるときに一体いくらぐらいの備えが必要なのでしょう。

　夫婦で老後生活を25年とし、今の定期預金のようなゼロ金利（以降はタンス預金と表現します）で生活費を取り崩していくとしたら、最低生活でも1,250万円（50万円の25年分）、世間並みの老後生活で2,500万円（100万円の25年分）、ゆとり生活に至っては5,000万円（200万円の25年分）を用意していなくてはならないことになります。それも計算根拠が甘い甘いと批判されがちな厚生労働省の試算を前提にしての話です。

■ ところで世間ではどのくらい退職金が支給されているのでしょう

　新卒で入社し定年まで勤めあげる場合の退職金のモデルケースを見ると、大手企業では2,500万円（中央労働委員会調査）、東京都の中小企業は1,000万円強（東京産業労働局、東京都中小企業賃金・退職金事情）ですが、地方自治体の統計データが見当たらないため東京都を参考にしてみます。

　大企業の場合、今なら公的年金で世間並みの老後生活費を賄い、退職金でゆとりある老後をピッタリ賄える具合ですが、年金が目減りする結果、将来は退職金で世間並みの老後を賄い、ゆとりある老後のためには、さらに約2500万円を自助努力で作っていく必要があります。

　東京の中小企業の1000万円強は、面倒なアンケート調査内容にきちんと答えてくれた回収率の低いデータをもとにしていますので、筆者は実態

よりもかなり高い数字に感じます。

　例えば、中小企業で圧倒的に多数を占める中小企業退職金共済制度（36万社330万人が加入）は、全国平均の掛金が月9,000円、40年フル勤務して今の予定利率1％で計算すると約束されている退職金は約530万円。でも大抵は中途転職時にそれまでの退職金を臨時収入的な感覚で遣ってしまうので定年時に果たしていくら残っていることでしょう。

　また、数年前まで中小企業10万社、約400万人が加入していた厚生年金基金がこの2年の間にほとんど廃止されますが、やめて終わりにせず確定給付企業年金に切り替えてそのまま続けていくところでも、定年時の支給額はせいぜい2、3百万円程度であることを考えると、公的年金と退職金で賄えきれない分をタンス預金（即ち今の定期預金程度）で補うのは相当に厳しそうだと思いませんか？

2 今から いくらぐらいの備えが必要？

　公的年金が目減りしていく中で、若い人はいまから一体どの位の備えが必要なのか、モデルケース（夫が35歳、妻は出産まで会社勤めの家庭）を想定して具体的に確かめてみましょう。

　以下、いくつかのパターンを並べ、ポイントだけを説明しますので、ごく大ざっぱに読み流してください。退職金の想定額や将来の生活レベル（世間並、最低限等）、そして運用利回りをどの位に想定するかで、何とかなりそうだったり、とても備えられそうもなかったりと大きく変わってくる様子を、そして預金だけで老後に備えるのはとても厳しいという現実を肌で感じていただけたらそれで十分です。

■ 退職金1000万円、世間並みの老後生活を目指したら

　図表1-2で説明します。老後生活費は毎年100万円不足、夫婦で老後生活を25年。60歳の定年時に退職金を1,000万円を支給され、雇用延長で65歳まで働き、65歳から年金生活に入るとします。老後は退職金と自助努力で積み立てた資金を取り崩しながら年金の不足分を補っていくことになります。

　図の左側、タンス預金の場合は、毎年の不足額100万円の25年分で2500万円の用意が必要ですが、退職金が1000万円あるので、あと1500万円を35歳から60歳までの25年（300ケ月）で用意するには毎月5万円の積立てが必要となります。

　しかし図の右側に示すように、多少なりとも運用して備えるなら事情はかなり違ってきます。老後も運用して増やしながら取崩していくので65歳の時に2500万円は要りません。定年の60歳から65歳までの間も退職金と

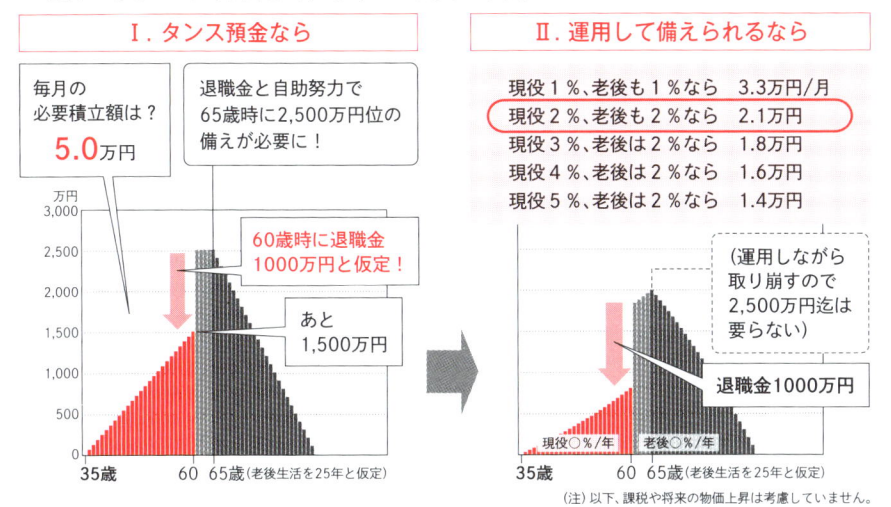

図表1-2 社員の将来の生活設計は？（35歳・退職金1,000万円）

・年金生活は65歳から25年
・60歳で退職金1,000万円
・老後は毎年100万円不足（平均的な生活費を確保）

I．タンス預金なら

毎月の
必要積立額は？
5.0万円

退職金と自助努力で
65歳時に2,500万円位の
備えが必要に！

60歳時に退職金
1000万円と仮定！

あと
1,500万円

万円
3,000
2,500
2,000
1,500
1,000
500
0

35歳　60 65歳（老後生活を25年と仮定）

II．運用して備えられるなら

現役1％、老後も1％なら	3.3万円/月
現役2％、老後も2％なら	2.1万円
現役3％、老後は2％なら	1.8万円
現役4％、老後は2％なら	1.6万円
現役5％、老後は2％なら	1.4万円

（運用しながら
取り崩すので
2,500万円迄は
要らない）

退職金1000万円

現役○％/年　老後○％/年

35歳　60 65歳（老後生活を25年と仮定）

（注）以下、課税や将来の物価上昇は考慮していません。

これまでに積み立ててきた残高を運用しながら育てていきます。

　現役中も老後も仮に年利2％位で運用するなら、35歳から60歳までの毎月の積立額は、タンス預金の場合の5万円に対して2.1万円で済むことになります。これぐらいなら何とかなりそうだと思う人も多いのではないでしょうか。

　この分を、個人型確定拠出年金、2018年から始まるつみたてNISA（少額非課税投資）、あるいはネット証券に申し込んだり、いろいろな方法で将来に備えることになります。もし会社が確定拠出年金をやっていて、掛金を毎月1万円拠出してくれるなら、あと1.1万円だけ自分で準備していけばいいことになりますね。

　じゃあ、どれに申し込んで将来に備えようか？これについては、資産運用の考え方が分かった後の第9章で説明します。

　図中に示すように高い利回りを想定すれば、積立の負担はどんどん小さ

くなっていきますが、株式を組み込む割合が大きくなるので、段々変動が激しくなります。「自分なら、いろいろな資産をどのように組み合わせていこうか」、これは第6章で考えましょう。

■ ところで、2％の利回りってどんなイメージ？

前項で、2％という数字を使ってみました。そしていずれの図も「年利2％」のところに囲いをつけています。その理由は2つあります。

一つは、確定拠出年金を始めようとする会社が掛金を設定する際、社員が2％位で運用してくれることを前提に掛金を決めているケースが一番多いこと。

もう一つは、日本債券の市場（国債、地方債、会社が発行する事業債等の債券全体値動き）を例にとると、第2章で図示しますが過去30年以上、どの月から毎月コツコツ積立てし始めた場合でも直近までの利回りがほとんど安定的に年利2％位を示しているからです。安倍政権のスタートした頃まででも、リーマンショック後のどん底の時期まででもほとんど同様です。あくまで過去の実績には過ぎませんが、この程度だったら日本債券で放ったらかしにしていても安定的に推移してきた利回りなので、ここにポイントを置いてみました。

細かいことを言うと日本債券市場が2％でまわっていても私達は投資信託という商品にしたものを買うので、管理費用を取られるため若干利回りは少なくなります。そのため、2％を確保しようとすると外国債券等で若干補足したりすることになりますが、そうしたことは後の章に回し、ここでは「2％前後って、株式のような大きなリスクを伴う程の話ではなさそうですね」という程度に留めておきましょう。

■ 退職金が前例の半分の500万円だったら…、もし退職金がなかったら？

図表1-3は、退職金が**図表1-2**の半分の500万円だった場合です。世

図表1-3 社員の将来の生活設計は？（35歳・退職金500万円）

・年金生活は65歳から25年
・60歳で退職金500万円
・老後は毎年100万円不足（平均的な生活費を確保）

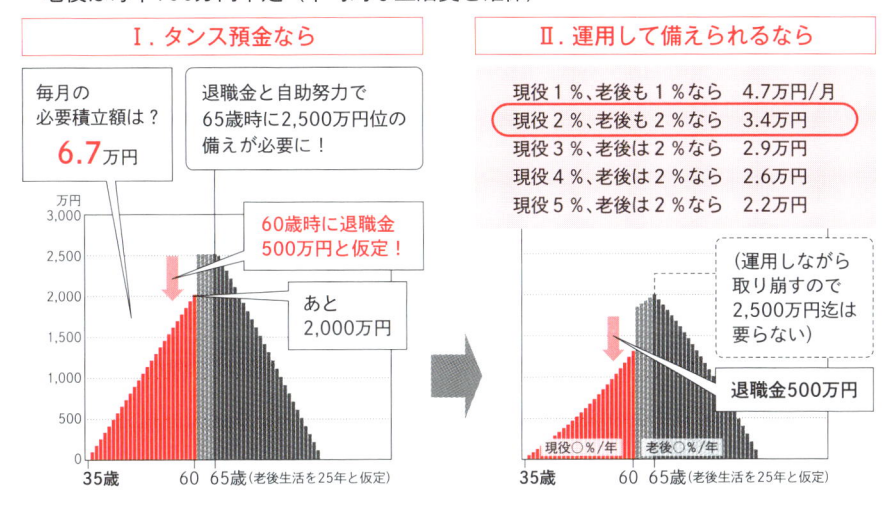

| Ⅰ. タンス預金なら | | Ⅱ. 運用して備えられるなら |

毎月の
必要積立額は？
6.7万円

退職金と自助努力で
65歳時に2,500万円位の
備えが必要に！

現役1％、老後も1％なら　4.7万円/月
現役2％、老後も2％なら　3.4万円
現役3％、老後は2％なら　2.9万円
現役4％、老後は2％なら　2.6万円
現役5％、老後は2％なら　2.2万円

60歳時に退職金
500万円と仮定！

あと
2,000万円

（運用しながら
取り崩すので
2,500万円迄は
要らない）

退職金500万円

現役○％/年　老後○％/年

35歳　60　65歳（老後生活を25年と仮定）

図表1-4 社員の将来の生活設計は？（35歳・退職金500万円・最低生活レベル）

・年金生活は65歳から25年
・60歳で退職金500万円
・老後は毎年50万円不足（最低生活費を確保）

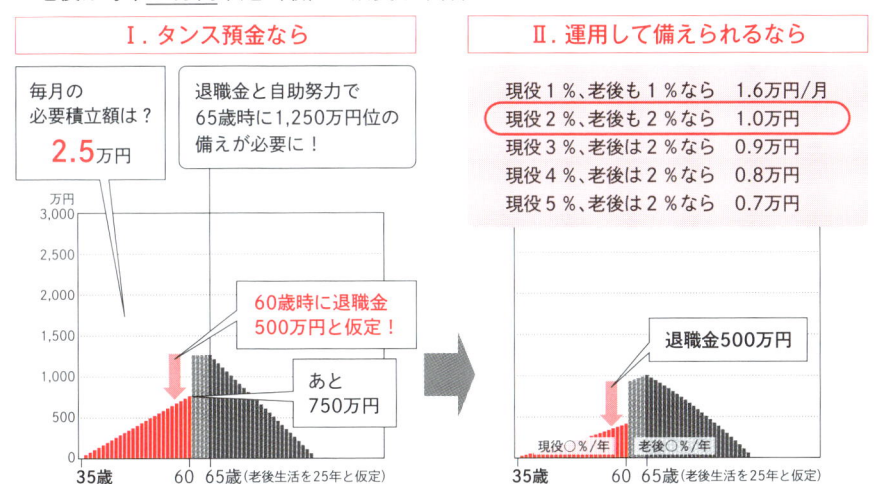

| Ⅰ. タンス預金なら | | Ⅱ. 運用して備えられるなら |

毎月の
必要積立額は？
2.5万円

退職金と自助努力で
65歳時に1,250万円位の
備えが必要に！

現役1％、老後も1％なら　1.6万円/月
現役2％、老後も2％なら　1.0万円
現役3％、老後は2％なら　0.9万円
現役4％、老後は2％なら　0.8万円
現役5％、老後は2％なら　0.7万円

60歳時に退職金
500万円と仮定！

あと
750万円

退職金500万円

現役○％/年　老後○％/年

35歳　60　65歳（老後生活を25年と仮定）

間並みの老後生活費を確保するためには、タンス預金だと毎月6.7万円、2％で運用するなら3.4万円とかなりの負担になってきます。

「これではちょっときつ過ぎる」となると、将来の生活レベルを世間並みから下げざるを得ません。**図表1-4**で示すように最低生活レベル（不足額は年間約50万円）で計算するとタンス預金で月2.5万円、運用を2％とするなら60歳までの毎月の準備は1万円。「この程度で済むなら、もう少し掛金を増やして将来に余裕を持たそうか」と考えるところかもしれませんね。

さて、**図表1-5**は退職金がない場合です。世間並みの老後を目指そうと思ったら、タンス預金なら毎月8.3万円。運用2％でも毎月の負担は4.6万円になります。会社が確定拠出年金の掛金を何がしか拠出してくれたとしても、一般的にはまだ相当な負担ですね。

そこで**図表1-6**は、とりあえず最低の生活費だけは確保してみようという試算です。それでもタンス預金では4.2万円が必要です。運用2％なら2.3万円。これならどうでしょう。

こうしてみると、ごく大ざっぱでいいから将来のライフプランを立て目標を持つことの大切さ、そして僅かでも運用の知識を持つか持たないかで、将来の自分の生活環境が全く違ったものになってしまいそうだと思いませんか？

■ 早く始めた人ほど断然有利、でも投資なんかして本当に大丈夫？

最後に、ちょっと違った角度でライフプランを試算してみます。**図表1-7**は今25歳のサラリーマンのシニアライフのプランを示しています。

60歳で退職金1000万円、将来は結婚して妻は出産するまで会社勤めをする前提で世間並みの老後生活に備えようとしています。

いまから準備を始めたら、タンス預金なら3.6万円、運用2％なら1.3万円。

図表1-5 社員の将来の生活設計は？（35歳・退職金なし）

・年金生活は65歳から25年
・退職金なし
・老後は毎年100万円不足（平均的な生活費を確保）

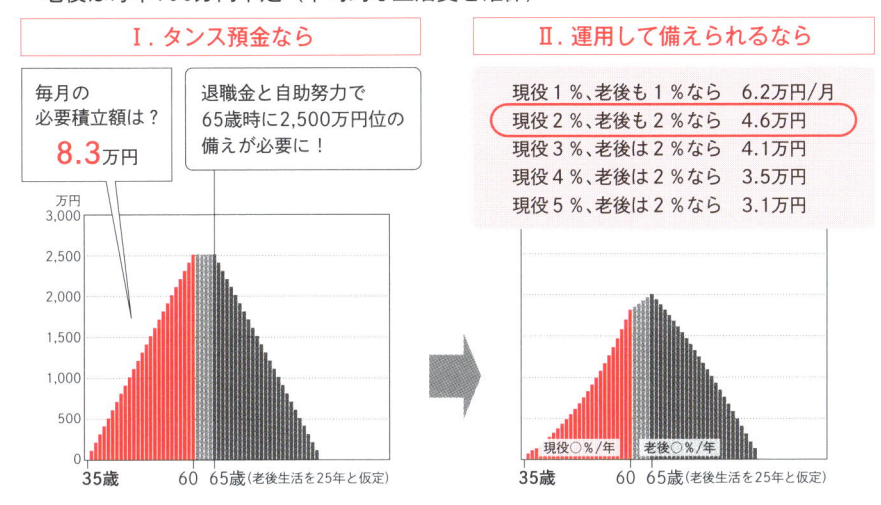

Ⅰ. タンス預金なら

毎月の
必要積立額は？
8.3万円

退職金と自助努力で
65歳時に2,500万円位の
備えが必要に！

Ⅱ. 運用して備えられるなら

現役1％、老後も1％なら　6.2万円/月
現役2％、老後も2％なら　4.6万円
現役3％、老後は2％なら　4.1万円
現役4％、老後は2％なら　3.5万円
現役5％、老後は2％なら　3.1万円

図表1-6 社員の将来の生活設計は？（35歳・退職金なし・最低生活レベル）

・年金生活は65歳から25年
・退職金なし
・老後は毎年50万円不足（最低生活費を確保）

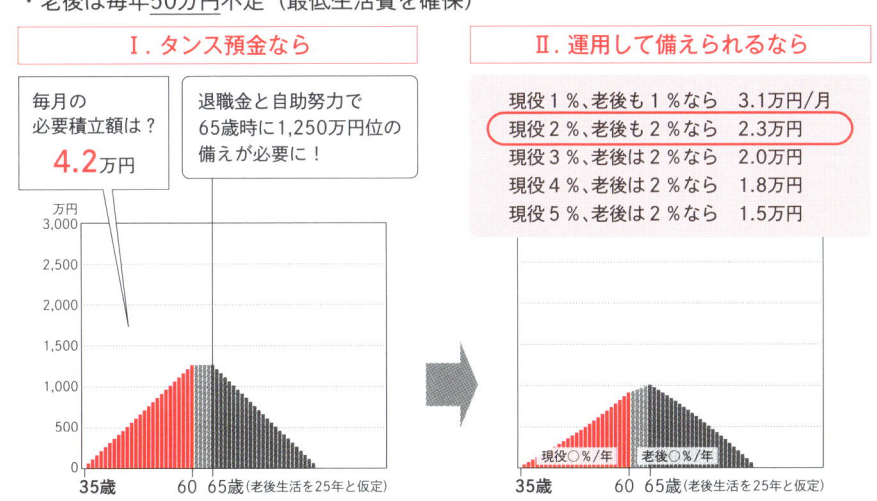

Ⅰ. タンス預金なら

毎月の
必要積立額は？
4.2万円

退職金と自助努力で
65歳時に1,250万円位の
備えが必要に！

Ⅱ. 運用して備えられるなら

現役1％、老後も1％なら　3.1万円/月
現役2％、老後も2％なら　2.3万円
現役3％、老後は2％なら　2.0万円
現役4％、老後は2％なら　1.8万円
現役5％、老後は2％なら　1.5万円

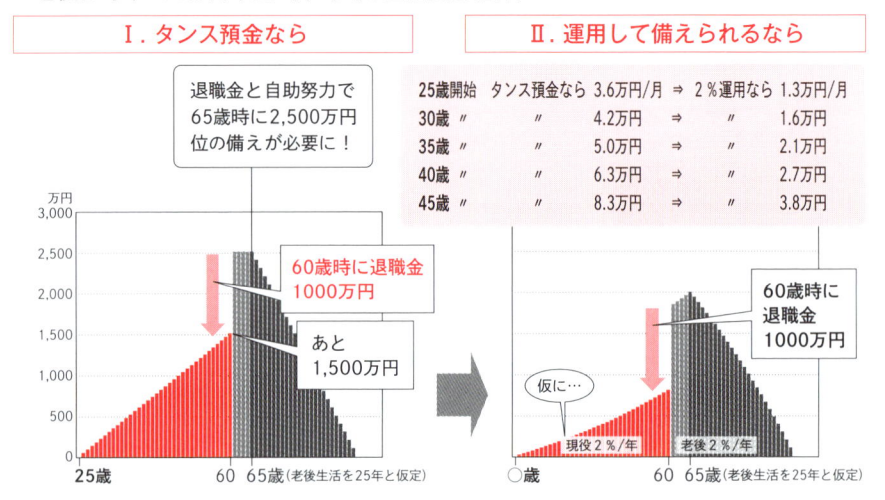

図表1-7 社員の将来の生活設計は？（25歳・退職金1,000万円）

・年金生活は65歳から25年
・60歳で退職金1,000万円
・老後は毎年100万円不足（平均的な生活費を確保）

　でも、５年後の30歳で備え始めたら、35歳からなら……と数字を並べてみると、早く気が付いて始め出した人ほど負担が少なく有利なこと、そして25歳の若さでもタンス預金で備えるのでは、あまりにも負担が大き過ぎます。

　これまでの話で、年金不安を乗り越えるには、まず「**将来の生活設計を立てて、目標を定めないことには何も始まらない**」ということはわかりました。「これからの年金の目減りは、預金で老後に備えられるほど甘くない」ということも実感できたと思います。でも、「投資なんかして本当に大丈夫だろうか」。これが頭に残った最大の懸念ではないでしょうか。

　本章で、これだけの問題意識を持っていただけたら十分です。それでは、皆さんの不安を解消し堅実に将来に備えるための第一歩を踏み出してみましょう。

投資はハイリスクと決めつけていませんか?

投資というとまとまったお金をポンと出して株を買い、相場を読んで切った張ったするもの。うまくいかないとリーマンショックのように大やけど……こんな意識ではありませんか?

でも株だけでなく債券のような安定的な商品もあります。一発買いだけでなく、毎月、コツコツ積み立てていく方法もあります。
投資のイメージが少しでも変わってもらえれば……そんな意図の内容です。

1 株だけが投資ではありません

■ まず、株と債券の過去の値動きを確認してみましょう

　確定拠出年金や2018年からスタートするつみたてNISA（ニーサは少額投資非課税制度の略称）、あるいはネット証券等を使って皆さんが市中で自分年金づくりをしていく場合でも、主役となる商品は国内と外国の株式や債券の投資信託です。**投資信託**（「**ファンド**」とも言います）とは、要は大勢の人から集めたお金を皆さんに代わって運用の専門会社などがいろいろな銘柄の株式や債券、不動産などで運用し、その利益を投資した金額に応じて分け合う商品のことです。

　しかし、一般に投資と聞くと"株で相場を相手に切った張ったをするもの"あるいは"儲けたり損したり激しく値動きするリスクの高いもの"と決めつけがちです。

　そこでまず株式と債券の長期的な推移を振り返ってみましょう。

■ 株式、債券の長期的な価格の推移

　図表2-1は1985年1月から直近までの株式市場、債券市場の推移です。

　日本債券（国債、政府発行債、地方債、社債など）は、ほぼ直線状に推移していますが、外国債券（先進国の国債等）は為替の影響などでややバラツキが大きく、日本株式、外国株式は、言うまでもなく上下に激しく変動しています。こうしてみると、値動きの激しいものはいつ投資を始めたか、つまり買った時期の価格が高かったか低かったかで現在の利回りが全然違ってしまうということは誰でもわかる話ですね。

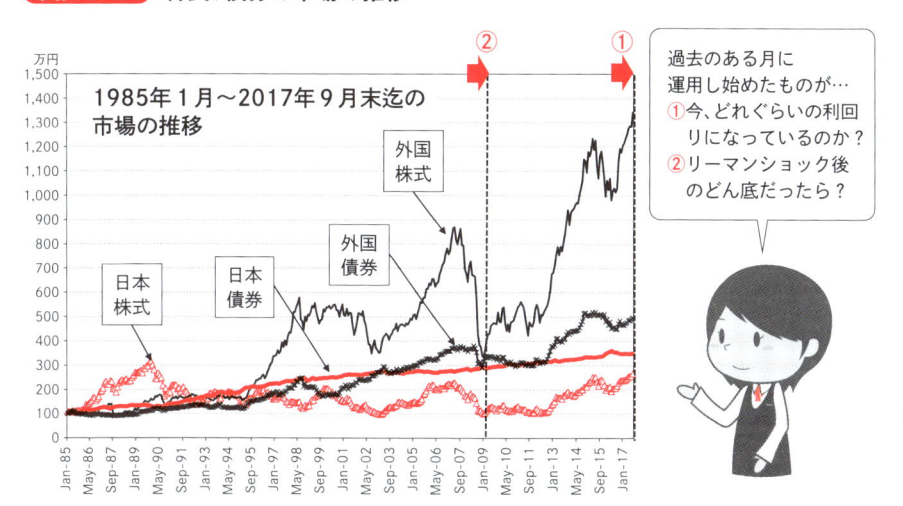

図表2-1 株式、債券の市場の推移

それでは、過去のある月に投資したものが直近（図中の①）でどの位の利回りになっているのか、また100年に1回あるかないかと言われたリーマンショック後の最悪の時期（図中の②）にやめたら、どんな具合になっていたのか確認してみましょう。

図表2-2から図表2-5は外国株式市場、日本株式市場、外国債券市場、日本債券市場の順に並べています。

上段のグラフは価格の推移。中段はある月に1回だけポーンと投資（今後はスポット投資、スポット等と表現します）したものが現在（グラフの右端）でどれぐらいの利回りになっているのかを示しています。

下段は、確定拠出年金やつみたてNISAなどのように、ある月から毎月コツコツ積み立てを始めるもの（今後は積立投資、積立等と表現します）が、過去の市場で今どれぐらいの利回りになっているのかを表しています。各々のグラフについては42頁以降で解説します。

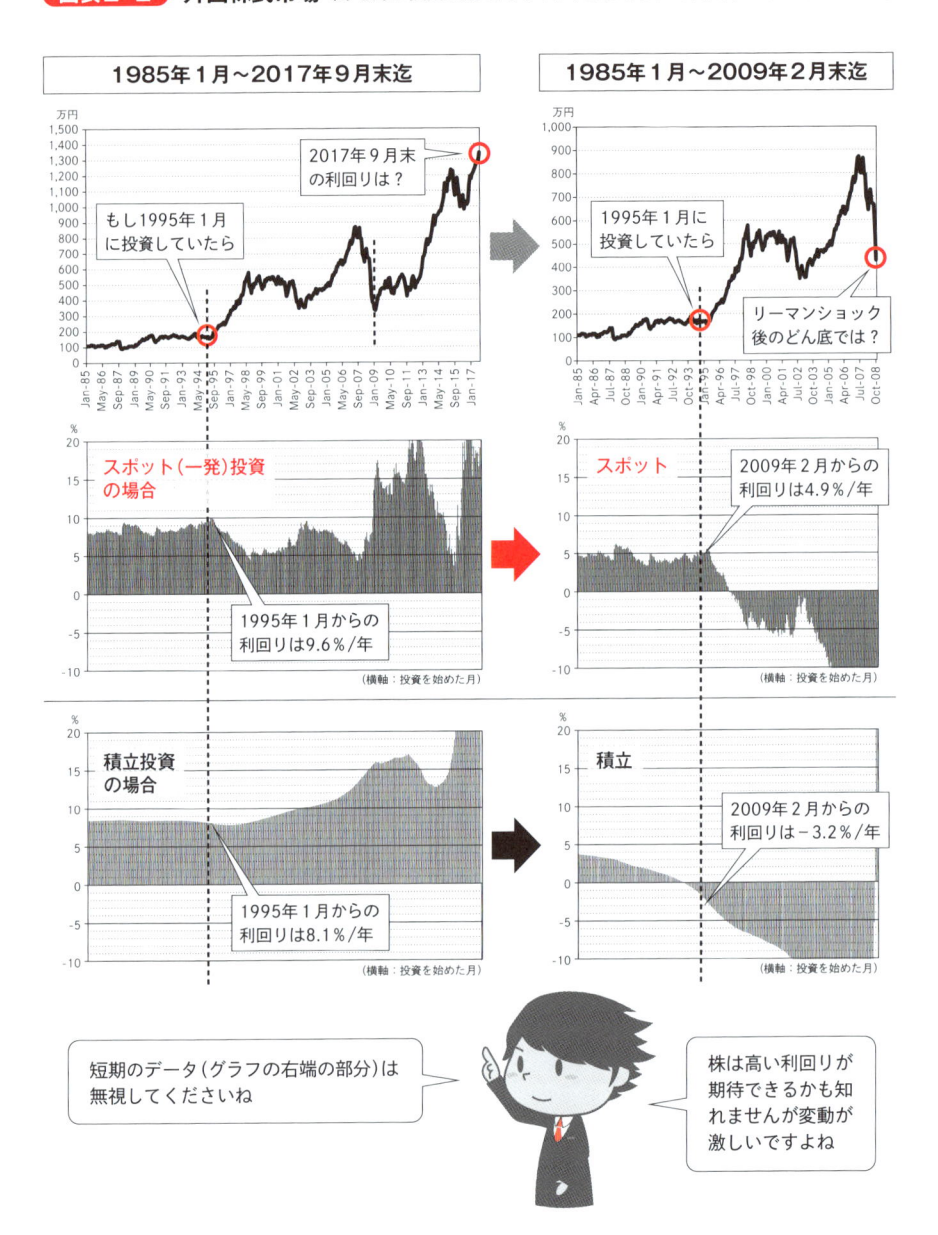

図表2-2 **外国株式市場**（ある月に投資を始めたものが、どれぐらいの利回りになっていたか？）

1985年1月〜2017年9月末迄

1985年1月〜2009年2月末迄

2017年9月末の利回りは？

もし1995年1月に投資していたら

1995年1月に投資していたら

リーマンショック後のどん底では？

スポット（一発）投資の場合

スポット

2009年2月からの利回りは4.9％／年

1995年1月からの利回りは9.6％／年

（横軸：投資を始めた月）

（横軸：投資を始めた月）

積立投資の場合

積立

2009年2月からの利回りは−3.2％／年

1995年1月からの利回りは8.1％／年

（横軸：投資を始めた月）

（横軸：投資を始めた月）

短期のデータ（グラフの右端の部分）は無視してくださいね

株は高い利回りが期待できるかも知れませんが変動が激しいですよね

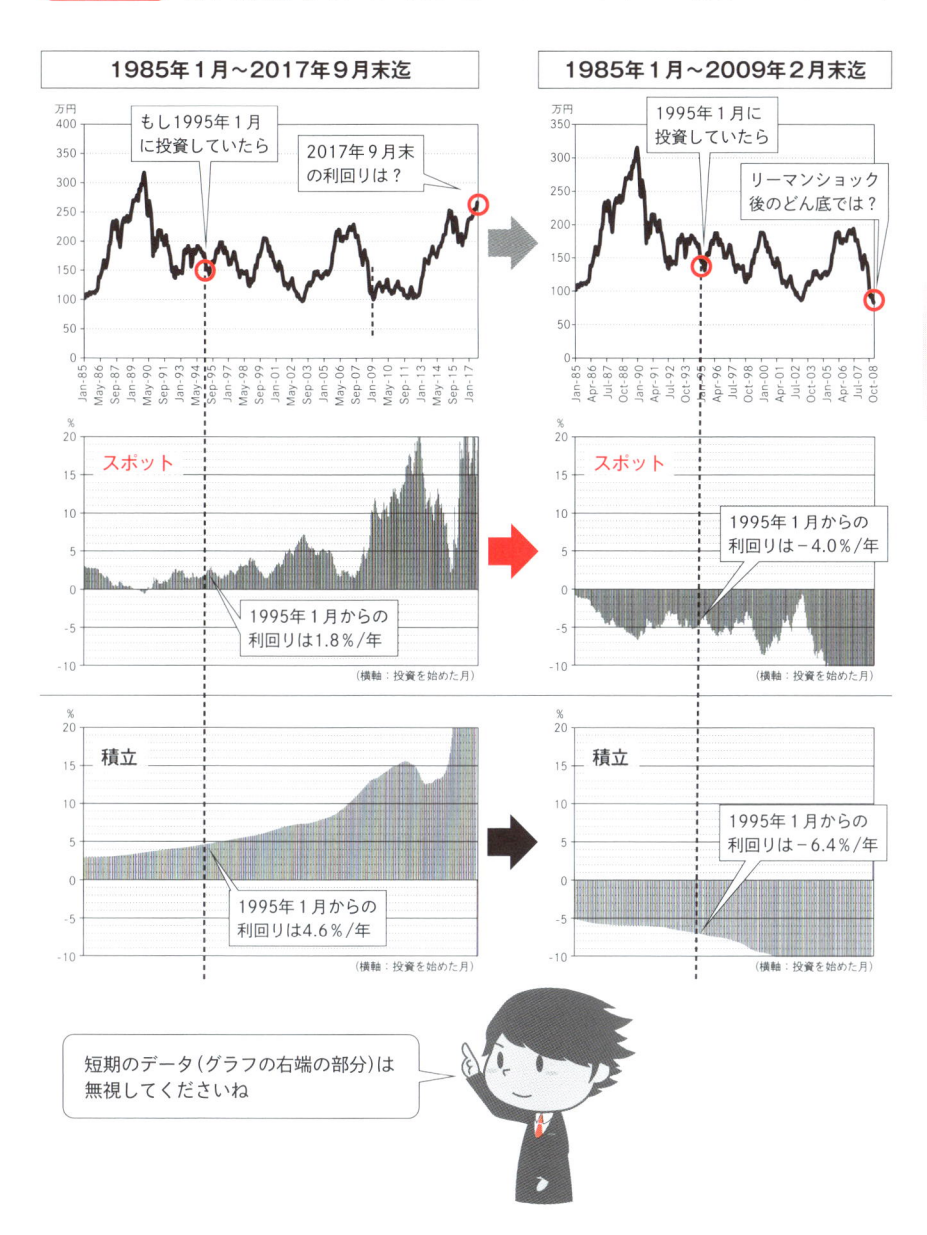

図表2-3 **日本株式市場**（ある月に投資を始めたものが、どれぐらいの利回りになっていたか？）

1985年1月〜2017年9月末迄

もし1995年1月に投資していたら

2017年9月末の利回りは？

スポット

1995年1月からの利回りは1.8％/年

（横軸：投資を始めた月）

積立

1995年1月からの利回りは4.6％/年

（横軸：投資を始めた月）

1985年1月〜2009年2月末迄

1995年1月に投資していたら

リーマンショック後のどん底では？

スポット

1995年1月からの利回りは−4.0％/年

（横軸：投資を始めた月）

積立

1995年1月からの利回りは−6.4％/年

（横軸：投資を始めた月）

第2章

短期のデータ（グラフの右端の部分）は無視してくださいね

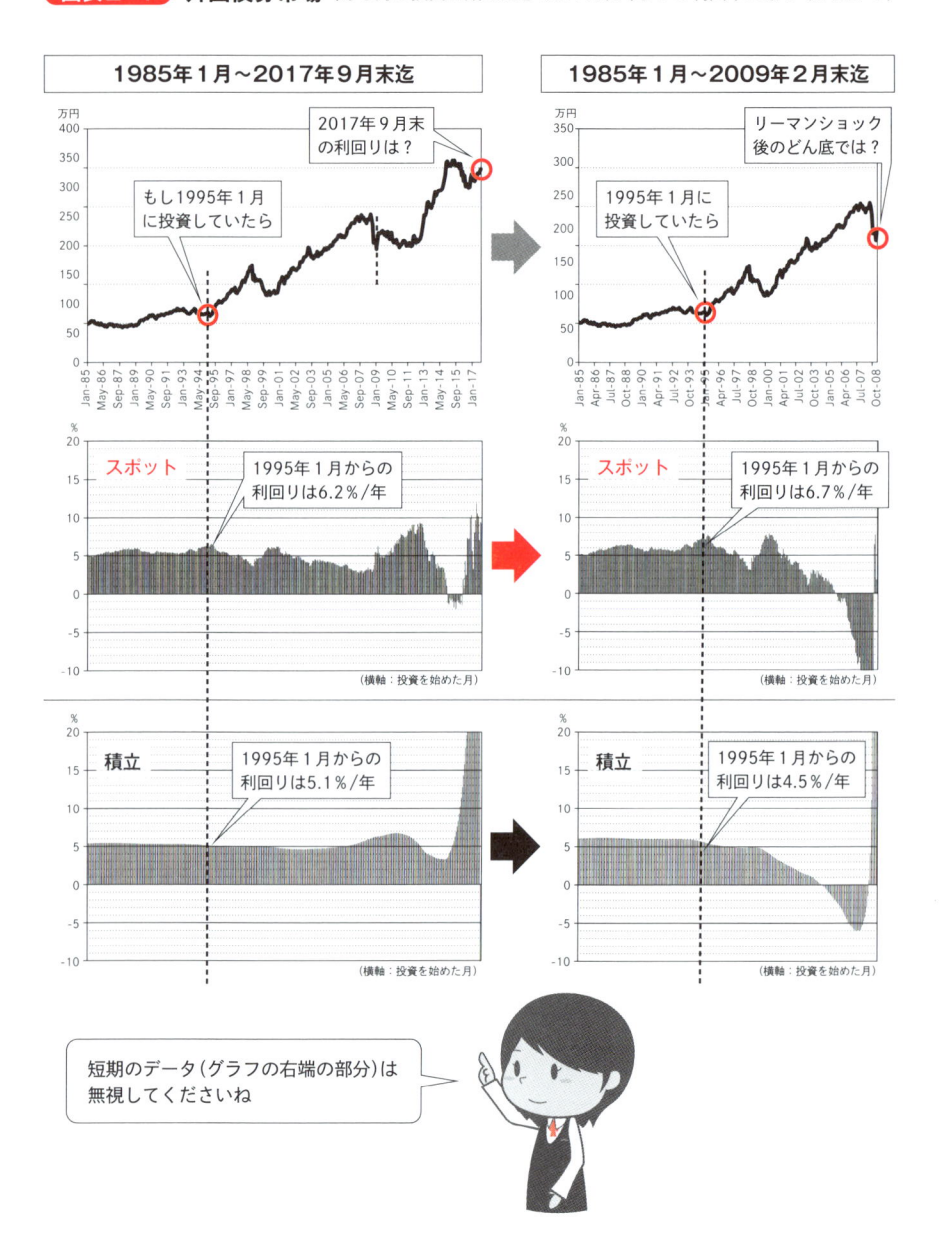

図表2-4 **外国債券市場**（ある月に投資を始めたものが、どれぐらいの利回りになっていたか？）

1985年1月〜2017年9月末迄

万円

2017年9月末の利回りは？

もし1995年1月に投資していたら

スポット

1995年1月からの利回りは6.2％/年

（横軸：投資を始めた月）

積立

1995年1月からの利回りは5.1％/年

（横軸：投資を始めた月）

1985年1月〜2009年2月末迄

万円

リーマンショック後のどん底では？

1995年1月に投資していたら

スポット

1995年1月からの利回りは6.7％/年

（横軸：投資を始めた月）

積立

1995年1月からの利回りは4.5％/年

（横軸：投資を始めた月）

短期のデータ（グラフの右端の部分）は無視してくださいね

図表2-5 **日本債券市場**（ある月に投資を始めたものが、どれぐらいの利回りになっていたか？）

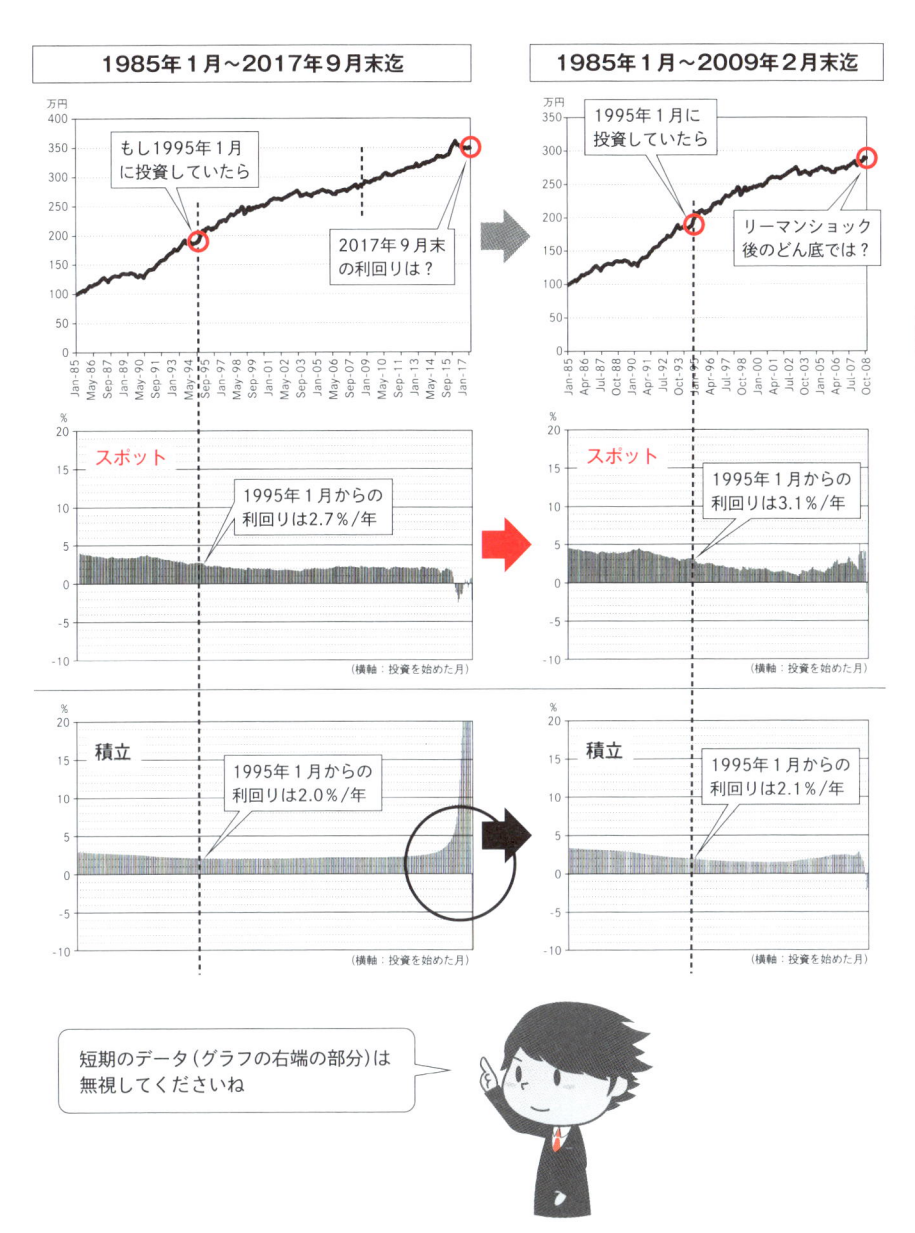

短期のデータ（グラフの右端の部分）は無視してくださいね

2 ハイリスクから ローリスクまでさまざま!

■ 債券って、こんなに安定していたんだ!

　それぞれのグラフから、変動の激しい株式だけが投資ではないこと、そして中長期的な実績で言えば、例えば日本債券なら、どの月から積立投資を始めた場合でもほとんど約2%の利回りを示していました。このように、投資が即ハイリスクと決めつけるものではないことが確認いただけたでしょうか。

　それにしても積立投資を中長期的に見る限り、過去の日本債券市場は定期預金よりも、はるかに安定的に利回りを確保できていたことが見て取れます。銀行も皆さんから預かった預金の多くを債券で運用しています。銀行という膨大なコストがかかる中間業者を介在させることで元本を保証してもらう代わりに極めて低い金利で我慢するか、それとも自分で直接、債券の投資信託を買って遠い将来に備えるかは皆さんの考え方次第です。短期に必要とするお金か、長期で準備していくためのお金かによっても対応が違ってくるでしょうね。

■ 短期の利回りは無視してください

　最初に一つお断りしておきますが、比較的短期の利回りデータ（グラフの右端に近い部分）は計算上、ちょっとの変動で上下に激しくブレて表現されるので無視してください。あくまで中長期的にどうなっているのかという視点で捉えてくださいね。

　その一例として、前ページ**図表2-5**の日本債券の積立の場合のグラフ（下段の左のグラフ）を見てください。2年ほど前以内から積立を始めた

図表2-6 日本債券市場（2月末）

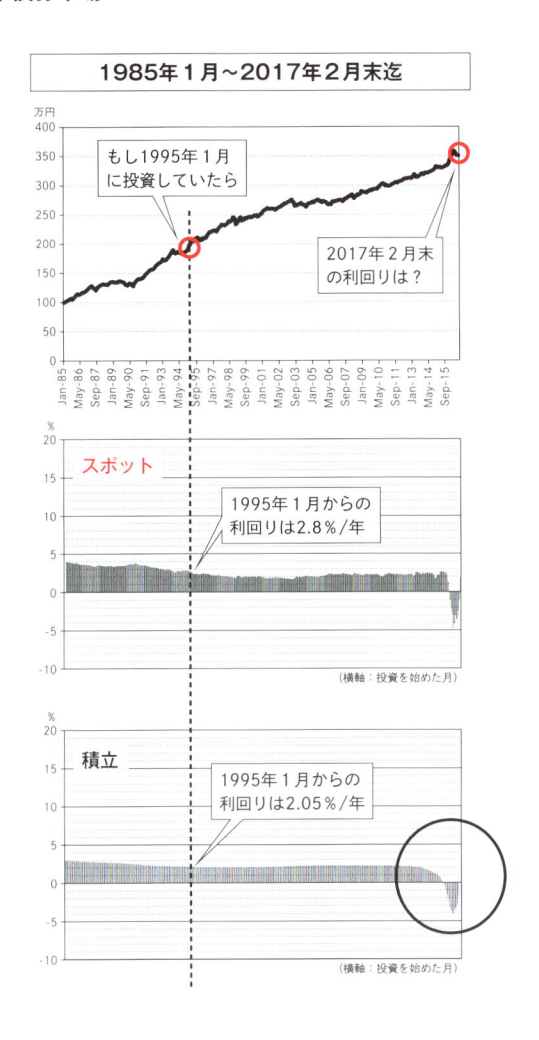

ケースでは、ちょっとした市場の値動きの結果、2017年の9月末までの利回りを年率で換算したグラフ（丸で囲ってある部分）はとんでもない利回りになっています。

　一方、**図表2-6**は2017年2月末までのグラフですが、この時点までの利回り（丸で囲ってある部分）は逆にマイナスになっています。

このように、短期のデータはその時々の状態で激しく上下しますが、でもどちらのグラフでも中長期の利回りはほとんど同じ傾向になっています。

■ 内外の株式と債券、それぞれのグラフを説明します

（1）内外の株式市場

　38頁の**図表2-2**は外国株式市場の推移です。中段のスポット投資の図は、例えば1995年1月に投資していたら、現在9.6％の年利回りで資産が増えていることを示しています。

　つまり横軸が投資をはじめた時期、縦軸はいまどれぐらいの利回りになっているかを示しています。価格が上がったり下がったりしていますから、当たり前な話ですが、投資した時期によって利回りが大きく違ってくる様子がわかります。

　下段の積立投資の図は、例えば1995年1月から積立投資を始めていたら直近で8.1％の利回りになっていることを示しています。積立投資の場合は、毎月買い付けているので上下のぶれが少なくなだらかになっています。

　さて、これらの図は今の時点でどんな利回りになっているのかを月単位で示していますが、相場は毎日変動します。来月は急騰しているかもしれないし暴落しているかもしれません。それに伴って利回りのグラフも全体的に上下に大きく変動します。右側の図に示すようにリーマンショック後のどん底だったら、多くの期間でかなりのマイナス状態に陥っています。

　このように、株式は騰落が激しいので大きな利回りが期待される反面、大きな変動（リスク）をあわせ持っていることがわかります。いわゆるハイリスク・ハイリターンですね。

　図表2-3は、日本の株式市場を示しています。37頁の**図表2-1**と見比べてみると、目盛りの関係で、外国株式市場の方がずっと変動が激しいように見えますが、実は日本株式市場の方が毎月の変動がやや激しいので

す。日本株式市場はバブルの崩壊以降、長い期間右下がりを続けてきましたのでリーマンショックの直後に解約しなければならなかった人や、確定拠出年金で言えば受給開始に近い人、受給中の人は悲惨でしたね。積立の場合も目を覆いたくなるような惨状ですが、実は、将来のために今積み立てている最中の人には、リーマンショックのような状態は人生でもう二度と味わえないくらい美味しい時期だったと言ったら信じられますか？このことは第3章でお話しします。

（2）内外の債券市場

　40頁の**図表2-4**は、外国債券市場（米国を中心とした、主に先進国の国債の市場）です。特に積立投資の場合はかなり安定的だった様子が見てとれます。外国市場に投資する際は円を外貨に換えたのちに買い付けることになります。外国債券はドルで実績をみると、かなり安定的に右上がりに推移していたのですが、円に戻して価格を評価するので為替の円高、円安の影響で上下にブレてしまいます。リーマンショックのあとは、他国が金融緩和するなかで現状維持の日本が円高で取り残された結果、外国債券価格が大幅に下落している様子が見て取れます。

　41頁の**図表2-5**は日本債券です。下段の積立投資に着目してください。過去30年、360ケ月以上、どの月から積立を始め出したケースでもほとんど2％前後を固く維持しています。リーマンショックまででも、安倍政権スタート前後まででも、毎年どこでチェックしてもほとんど同じ結果です。

　2016年の前半にかけて、マイナス金利政策で債券価格が異常に急騰（ここでは詳しい説明は省きますが、金利と債券価格は逆に動くので、ゼロ金利政策下で金利が下がったため債券価格は高騰）した時期は、過去からの利回りが2％から全体的に2.5％に跳ね上がりましたが、現在の市場は落ち着きを取り戻しています。

■ 過去の実績はあくまで参考資料、私たちが投資する先は未来

　私たちは将来に向かって堅実に資産づくりをしていく訳ですから過去はあくまで参考にしかなりません。「日本債券は今までいくら安定的だったとは言え、一つの分野に全部の資産を預けるのはリスキーだ。やっぱり性格の違う商品を組み合わせたい」と考える人もいるでしょう。「日本債券が安定的だったことは良くわかる。でも、ライフプランを立てたら２％ぐらいでは老後が作れない。リスクをとってももう少し高い利回りを期待しないと……」という人もいるでしょう。人それぞれの考え方や事情で、これらの商品をどう選択しどう組み合わせていくか、これが本書のこれから目指す最大のテーマです。

　以上、本項では株式だけが投資ではないこと、そしてハイリスクだけが投資ではないことをお伝えしたかったのですが、ご理解いただけたでしょうか。

第3章
積立投資はスポット投資と
こんなに違う!

投資というと、一発でお金を注ぎ込むものと思われがちです。

しかし確定拠出年金もつみたてNISAも毎月コツコツと積み立てていく制度です。

そして、面白いことにスポット投資と性格が全然違うのです。

リーマンショックの後、投資家が愕然としていた時期こそが、人生でもう二度と出会えないほどの好機だったと言ったら信じられますか?

1 相場が落ち込むほど有利?!

■ 日本株が半値以下、Aさんは真っ青に！

　遠い先に備えて自分年金づくりをしていこうという皆さんは、スポット投資と積立投資の違いをここでぜひしっかりと理解していただきたいと思います。

　図表3-1は西暦2000年、Aさん、Bさんは新しい世紀を迎えたこの機にと100万円を元手に投資信託を購入して資産づくりを始め出すことにしました。AさんはITバブルで上昇していた日本株式の投資信託を、Bさんはミドルリスク、ミドルリターンのつもりで外国債券の投資信託に投資しました。

　ところがAさんが購入した辺りからITバブルがはじけて株価はどんどん暴落。遂に一時は半額を割ってしまいました。「こんなに落ちたら売るにも売れない。どうしよう」と思い悩んでいるうちにやがて市場が回復しだし、6年かかってやっと元本に戻りました。

　一方、Bさんの外国債券は、円安や株式市場の低迷もあって、ほぼ直線的に上昇し、この6年の間に1.8倍になってしまいました。この間の利回りはなんと年率10.4％でBさんはニコニコです。

■ やっと元本に戻っただけなのに10%以上の利回りに！

　ところで、この2人が積立投資をしていたらどうだったでしょう。この6年間、毎月1万円を積み立てていたら、Bさんは延べ72万円積み立てた結果、順調に約95万円（年利9.1％）になっていましたが、さてAさんはどうなっていたでしょう？

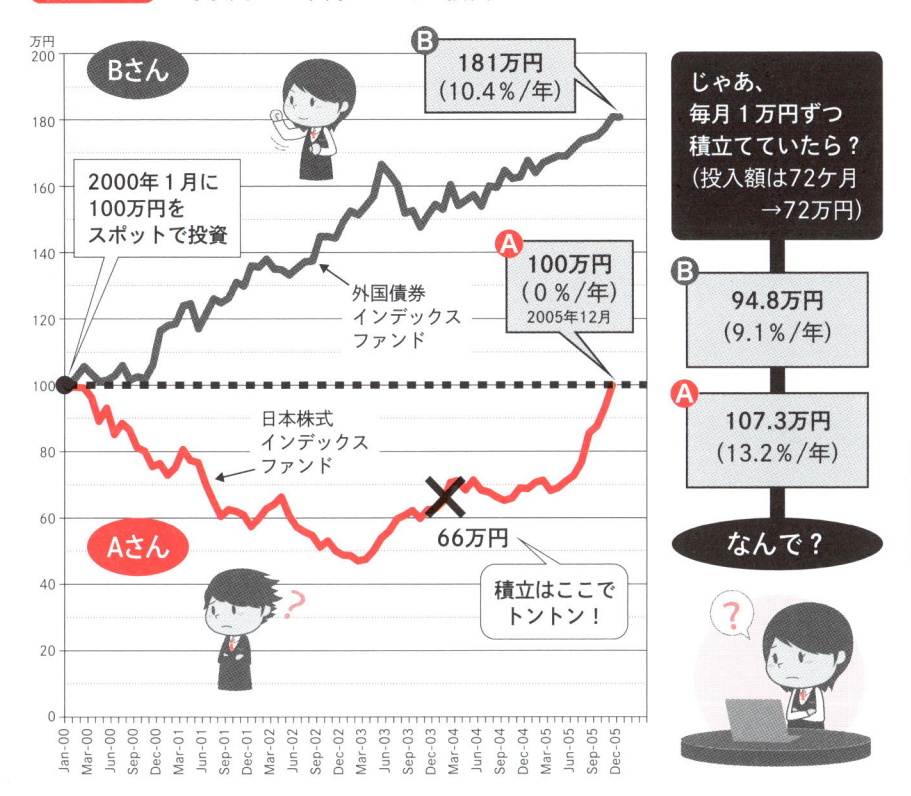

図表3-1 一回でドンと買うのだけが投資？

ですから、積立投資の場合は

・目先の相場に気を揉んでも全く意味がないですね。

・低迷している時こそが稼ぎ時！

・だけど、積立だから得というわけでは決してありません。

　実はAさんは72万円が約107万円。利回りは年13.2％でBさんをずっと上回ってしまいました。図中の×印の市場がまだ3分の2までしか回復していないところで積立の場合はすでにトントンになっていました。

　一体なぜでしょう。これについては第4項できちんと説明しますが、大

ざっぱに言うとこんなイメージです。つまり相場が下がると値段が安くなるので同じ1万円で数（口数：くちすうと言います）をよりたくさん買えます。投資信託は今までに貯えた口数にその時の1口当たりの時価をかけたものが残高になります。

　ですから積立の合は相場がどんどん下がっているときは、口数は余計に増やせるのですが、1口当たりの時価がどんどん下がっているので、そこでやめたらやっぱりマイナスになってしまいます。

　しかし相場がちょっと上がりだすと、口数がたくさん貯えられたことで残高がドーンと跳ね上がることになります。

　積立を続けていく人には、相場が上がるよりも下がってくれた方がおいしいという訳です。ですから"相場を読む"なんてあまり意味がなくなってしまいますね。

　本項を含めて、以下に株式市場が低迷した時のスポットと積立の違いをいくつか例示しますが、「著者が言いたいのは、積立なら株を買っても安心！という話」と早とちりしないでくださいね。積立でも落ちるときはスポットの場合以上にも落ちます。債券よりも株の方が騰落が激しくスポットと積立の違いを表現しやすいから、株に事例を載せているだけの話です。

2 あのバブルのピークで投資していても いまはプラス?!

■ スポットならいまだに40%も元本割れ

　図表3-2は日本の株式市場の推移を示しています。1989年末のバブルのピークがはじけて以来、日本経済が低迷しつづけ25年以上たった今でも、株価はいまだ元本割れの状態です。

図表3-2 あのバブルのピークで投資していたら…

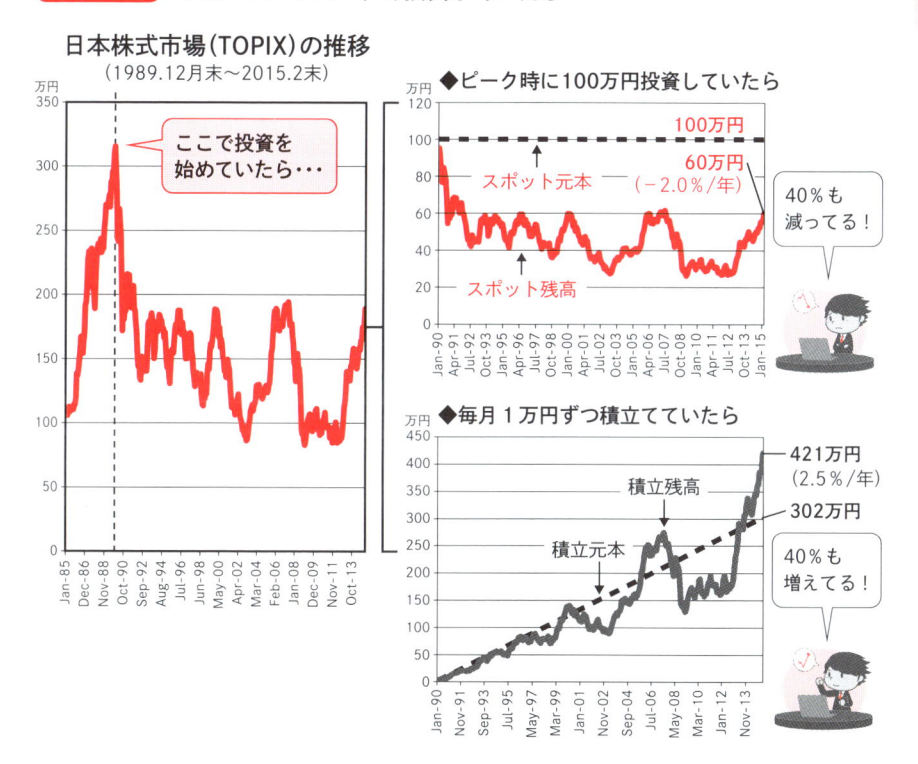

日本株式市場(TOPIX)の推移
(1989.12月末〜2015.2末)

ここで投資を始めていたら・・・

◆ピーク時に100万円投資していたら
100万円
スポット元本
60万円(−2.0%/年)
スポット残高
40%も減ってる!

◆毎月1万円ずつ積立てていたら
421万円(2.5%/年)
積立残高
302万円
積立元本
40%も増えてる!

若い人にとってはバブルなんて言われてもピンとこないと思いますが1980年代の後半にかけて、消費者物価が比較的安定していた中で、株式や不動産、果てはゴルフの会員権などの資産価格だけが異常に高騰し、図中で見るように1985年からの５年間に株価が３倍にも跳ね上がってしまいました。

　このピーク時にスポットで100万円投資していたら、一時は30万円位まで暴落し、今でもまだ60万円程度。この間、毎年マイナス２％で資産が減り続けた計算になります。

■ 積立なら同期間で40％のプラスに！

　この推移を積立投資で置き換えてみると、毎月１万円、延べ302万円積み立てた結果、現在の残高は421万円で４割増。毎月投入した１万円が年利2.5％で増え続けたことになります。たまたまですが、スポットと積立てでプラスマイナスが真逆だったので、事例として採りあげてみました。

　途中の経過を見てわかるように積立も落ちるときはドーンと落ちます。でも下落しているときは口数を稼げますので、市場が回復しだすと価格が跳ね上がります。やめる人にとっては相場が高い時が有利、続けていく人にとっては高い時は口数が増やせない我慢の時で相場が低迷している時こそが口数の稼ぎ時ということになります。

　このように「積立だから有利」という訳では決してありませんが、スポットの場合は相場が急落したらガッカリしますし気を揉みます。でも積立の場合は「よし、口数が稼げるいいチャンス！」と納得できます。逆に、運用のレポートを見て残高がドーンと増えていると、頭では口数を稼げない我慢の時期だと分かっていても、何か悪い気がしないものです。要は、「積立は気が楽、ストレスがたまりにくい」。このことは今後も折に触れ、いろいろな角度から話題に取り上げますが、これが積立投資の本質ではないでしょうか。

3 リーマンショックの直前に投資を 始めたMさんの運用成績は？

■ リーマンショックで残高が5分の1に！

　2012年の2月、安倍政権がスタートする10ケ月ほど前のことですが、Mさん（当時50台前半の女性）からアドバイスを求められました。Mさんは4年前の2008年5月に証券会社と相談し、新興国を中心に内外の株の投資信託を7本買って投資を始め出しましたが、4ケ月後にリーマンショックに遭遇。その後もずっと運用し続けてはいましたが、購入した証券会社が大手ネット証券に吸収合併され、相談相手がいなくなってしまったということで筆者に助言を求めてきました。

　図表3-3はMさんが購入した商品の推移です。運用の良いものでもまだ8割、悪いものは5割前後までしか回復していません。

　でも、Mさんは各商品を毎月1万円、計7万円ずつ積立で購入しています。その結果、1年後（縦の点線）にはほとんど全商品がプラスになっていました。ロシア・東欧株などは一時は5分の1位まで急落し1年後でも37％位までしか回復していないのに積立では既にプラスに転じています。その後、一時、相場が下がった時は積立ても元本を割っていますが、下がったことで口数を余計に買い込めているので、市場が回復しだした途端に価格が急上昇。全体で約5％の年利回りを確保していました。

■ 目的は短期のお金儲け？それとも老後の備え？

　Mさんは幸いにも、そこそこの利回りを確保してはいましたが、Mさんに「あなたは短期間での収益の確保を目指しているのですか、それとも老後に備えるために運用しているのですか」と確認しました。Mさんは「毎

月少額ずつ積み立てているぐらいですから、当然、老後の備えです」とのこと。

　「たまたま将来のために積み立てている時期だったから幸運でしたが、老後が近づいたり、老後に入ってこのように急落したらどうしましょう？　老後はもう買い付けていないのでスポットの場合と同じですから、市場の騰落がそのまま自分の資産の増減になりますよね。しかも残高から定期的に生活費を取り崩していますから運用が低迷すると老後の貯えがドンドン目減りしてしまいます。それと……、第7章5項で説明しますが、特に積立投資の場合は運用の良かった商品、悪かった商品の差が出にくいんです。ですから"どの商品を選んだらいいか"なんていうことよりも"内外の株・債券をどのように組み合わせるか"ということの方がはるかに影響が大きいんです」。

　例えば、「今は、こういう組み合わせにしよう。でも老後が近づいたら債券の割合を増やす等で騰落のバラツキを抑えよう。そして老後生活に入ったら、増やすことよりも減らさないことが大切だから債券の割合を更に増やしたり、人によっては当面の生活費の分は定期預金性の商品に置き換えたり……。そして将来に備えるうえで一番大事なことは、相場を気にして組み合せをコロコロ変えたりせず、自分の組み合わせをしっかり守っていくことなんじゃないでしょうか」と、こんなことを話し合いました。

　ちなみに、Mさんは「ひたすら右下がりを続けている日本株式は魅力を感じない。日本債券が安定的なことは良く分かったが2％では物足りない」とのことで、当面は外国債券を3分の2、外国株式を3分の1の割合で4％強の利回りを期待しながら将来に備えたいとのことでした。

■ その1年後、どれもまだ元本割れなのに積立は年利10％に

　図表3-4は、参考までにMさんがそれまで投資してきた7本の株式投資信託が、その1年後の2013年1月にはどんな状況になっていたかを示

図表3-3 【事例】リーマンショックの直前に投資を始めたMさんの顛末は？

2008年5月～2012年1月末現在

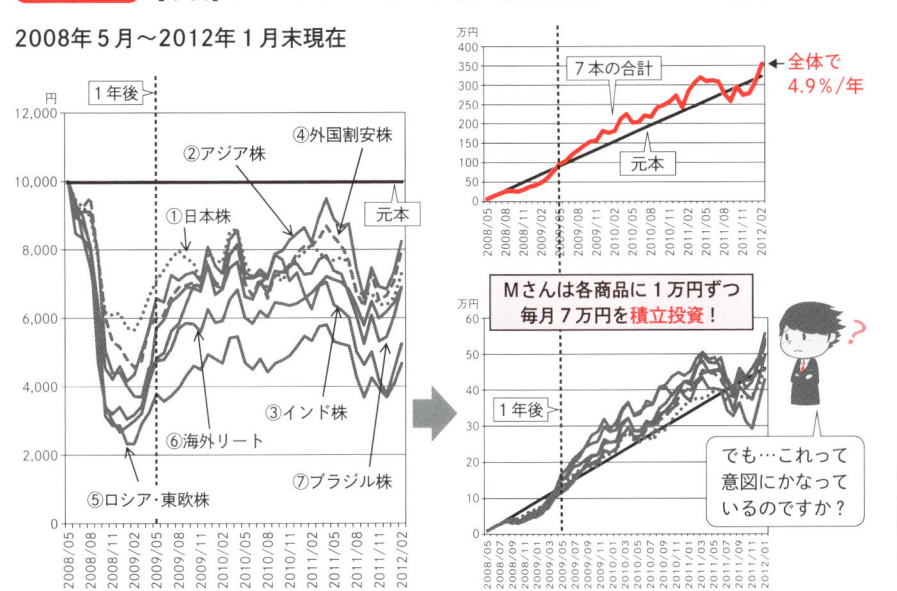

図表3-4 ちなみに1年後は？

2008年5月～2013年1月末現在
(注)安倍政権のスタート3ケ月後

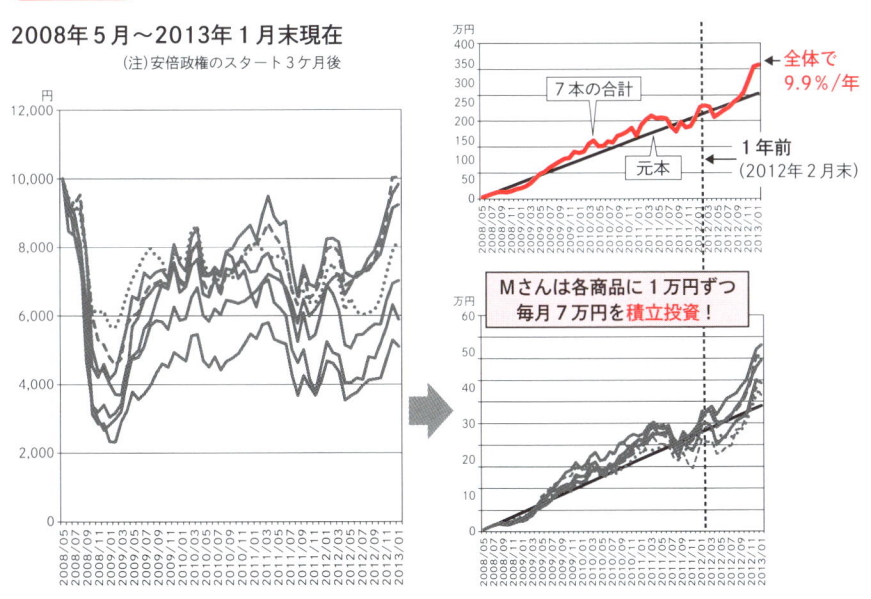

したものです。

　安倍政権に代わって日銀はまだ金融緩和の意向を示しているだけの段階で、良いものはやっとトントンに、悪いものはまだ５割位までしか回復していませんが、積立投資の結果は年利約10％になっています。運用が低迷することで口数を沢山買え続けられたあとでポーンと株価が上がったため、積立投資の場合は残高が急騰しています。この辺りの理屈は、もう皆さんは十分に理解できたことと思います。

4 積立投資とは、こういうしくみです!

■ 投資信託は口数が基本

　これまでの説明で、積立の場合、市場が低迷した時は"口数"をたくさん買えるので有利というイメージはおわかりいただけたと思います。投資信託ではこの口数という言葉の意味をきちんと理解しておく必要があります。これがわらないと、運用結果のレポートが送られてきても読み方が分かりません。資金の配分を変える時も「Ａファンドを何口売って、Ｃファンドを買え」という指定のしかたを覚えておく必要があります。面倒ならコールセンターに相談すればそれでも済みますが。

■ 質問：Ａ，Ｂ，Ｃのどの投資信託が一番有利でしたか？

　図表３-５に例題を出します。４月１日から１年間、Ａ，Ｂ，Ｃの３つの投資信託に毎月１万円ずつ投資していった結果、１年後に全部、同じ時価になったとします。

　さて、この場合どの商品が一番残高が多かったでしょうか？

　専門用語で恐縮ですが、最初に「基準価格」、「口数」という表現を説明しない訳にはいきません。基準価格というのは投資信託の時価のことで、通常、１万口の価格で表しています。スタート時は基準価格が１万円（１万口が１万円ですから１口は１円）、図では１年後は1.3万円（即ち、１口1.3円）となっています。日経新聞の株価欄の次の頁が「オープン基準価格」の頁になっています。いつでも自由に売り買いができる投資信託の時価（１万口当たりの価格）という意味です。皆さんは「１万口なんて言わ

図表3-5 積立投資のしくみ

・毎月1万円ずつ積立。
・4月1日に基準価格（時価）10,000円でスタート。
・翌年3月末に3つとも13,000円になっていたと仮定。

ポイント ①いま一口いくら？ ②何口買えた？

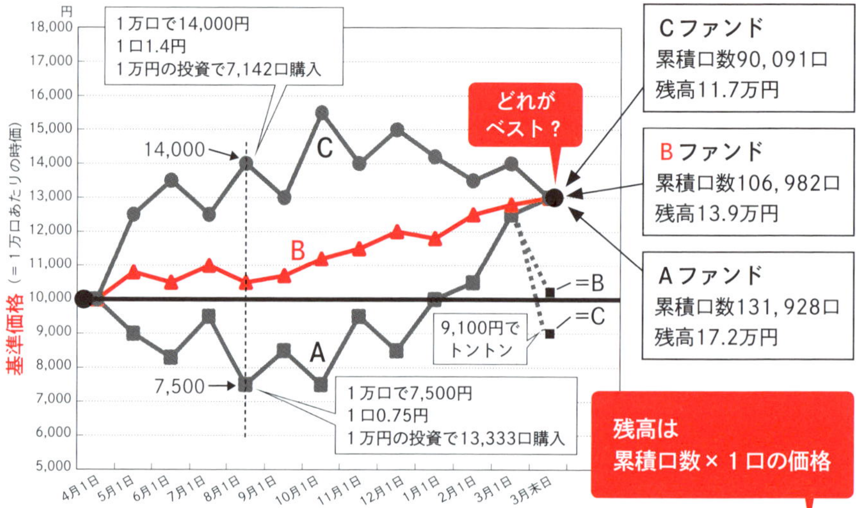

1万口で14,000円
1口1.4円
1万円の投資で7,142口購入

14,000

どれがベスト？

Cファンド
累積口数90,091口
残高11.7万円

Bファンド
累積口数106,982口
残高13.9万円

Aファンド
累積口数131,928口
残高17.2万円

9,100円でトントン

=B
=C

7,500→

1万口で7,500円
1口0.75円
1万円の投資で13,333口購入

残高は
累積口数×1口の価格

ず1口いくらの方がわかりやすいじゃないか」と思われるかもしれませんが、1口いくらで表現すると、昨日1口1.2円の価格が0.1％上がったら、今日の価格は1.2012円で0.0012円上がったという表現になります。1万倍なら今日は12,012円で昨日より12円上がった、とこの方が断然分かりやすいですよね。

さて、話を元に戻します。基準価格1万円でスタートしたAの3ケ月目の基準価格は7,500円に下がってしまいました。この時、1万円で何口購入できたでしょうか。

1万口の価格が7,500円ですから1口は0.75円ですね。したがって、投資した1万円で買えたAの口数は13,333口（＝1万円÷0.75円）。Cの場

合は、価格が14,000円ですから1口は1.4円、投資した1万円で買えた口数は7142口（＝1万円÷1.4円）でAの半分位しか口数を増やせませんでした。このように毎月購入したそれぞれの口数の合計が図の右側に示されています。最終価格はどれも13,000円。即ち1口1.3円をそれぞれの合計口数に掛けたものが12ケ月後の残高です。

　Cは高い価格が続いたため口数を増やせず、最後は価格が下がってしまったため12万円投入して、元本割れの11.7万円にしかなりませんでした。後半から価格が落ち込みだしているので、これからまだ先まで続けて行く人には良い環境になりだしていますが、ここでやめなければいけない人には残念、元本割れということです。

　このように残高は、「累積口数×その時の1口の価格」という計算になります。

　ですから、解約する人には今の時価が高いほど大きな資産が確保できます。一方、継続中の人は毎月買い付けながら口数を増やしている最中なので、今の時価が低いほど有利ということはもう十分ご理解いただけていますね。

　確定拠出年金でも、あるいは皆さんが市中で投資信託を購入した場合でも、定期的に送られてくる運用レポートには、皆さんが保有している累計の口数、今の1口当たりの価格（あるいは1万口当たりの今の価格）、そして現在の残高が記載されています。

第4章
なぜ分散、分散といういうのだろう?

高い利回りを期待すれば、相応のリスクが伴います。
でも、株、債券……それぞれ変動の仕方が違います。
これらを少しでもなだらかにしたい。
資産を分散させるとはどういうイメージかを簡単に実感
していただきます。

1 分散はリスクを抑える担い手!

■ リターンを期待すれば、そこには必ずリスクが発生

　投資の世界では**価格が上下に変動することを「リスク」**と言っています。リスクが大きいということは価格の変動が激しいということです。ですから、下方に落ち込むことだけでなく、大きく上がってもリスクが大きいということになります。

　皆さんが何らかのリターンを期待する以上、必ずリスクが伴います。ハイリスク、ハイリターンと言われるように高いリターンを期待すればするほど相応のリスクを覚悟せざるを得ません。「それってギャンブルじゃん」と思いたくなるでしょう。

　でも、**そのリスクをコントロールしていこう、つまり、ブレ幅を少しでも少なく安定させていこうというのが資産運用の考え方です**。そして、その基本になるのが「**分散**」。すなわち、性格の違う資産に分けて山谷をならしあって運用しようということです。

■ 分散で山谷がならされる様子を実際の市場で確かめてみましょう

　図表4-1は、第2章の最初に出てきた内外の株式と債券の推移（**図表2-1**）のグラフに、これらを4分の1ずつ分散して持った場合の値動きを重ねて描いています（黒い太線）。分散することで、山谷がならされる様子が見て取れます。

　図中に1985年1月を始点としたリターンを書き加えていますが、始点と終点の取り方次第で、大きく変わってしまう数値ですから単なる参考程度に考えてください。書いていないと「これって、一体どれぐらいの利回

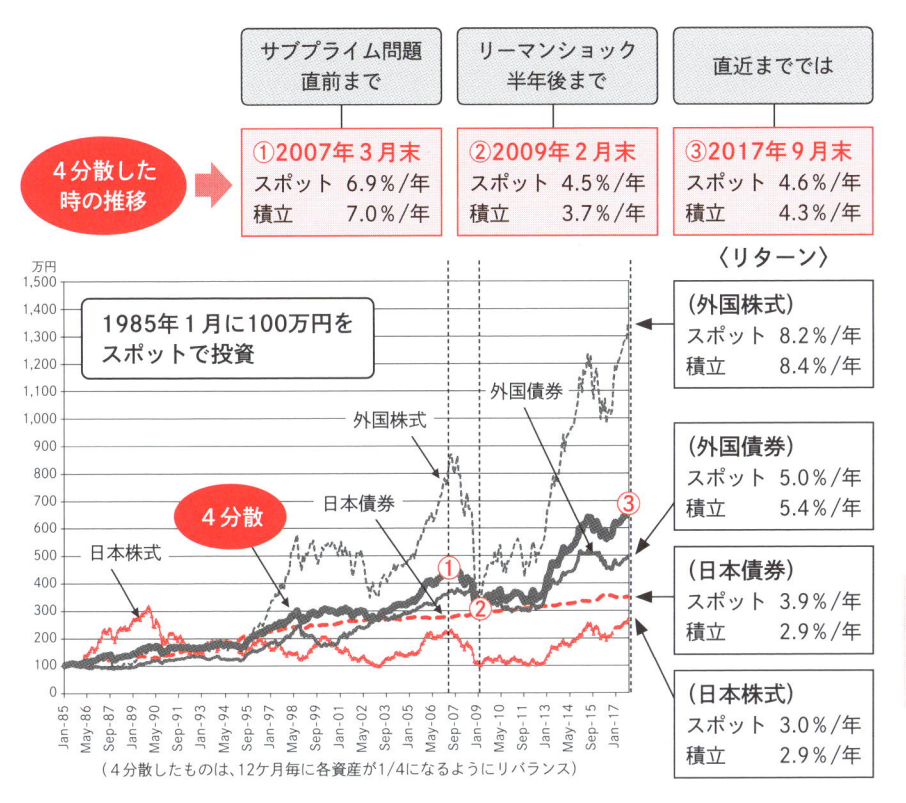

図表4-1 長期で4資産に分散した一例 （1985年1月～2017年9月）

サブプライム問題 直前まで	リーマンショック 半年後まで	直近まででは

4分散した時の推移

①2007年3月末 スポット 6.9％/年 積立 7.0％/年	②2009年2月末 スポット 4.5％/年 積立 3.7％/年	③2017年9月末 スポット 4.6％/年 積立 4.3％/年

〈リターン〉

1985年1月に100万円を
スポットで投資

（外国株式）
スポット 8.2％/年
積立 8.4％/年

（外国債券）
スポット 5.0％/年
積立 5.4％/年

（日本債券）
スポット 3.9％/年
積立 2.9％/年

（日本株式）
スポット 3.0％/年
積立 2.9％/年

（4分散したものは、12ケ月毎に各資産が1/4になるようにリバランス）

りだったんだろう」と気になりますので書き添えただけに過ぎません。

　自営業者のために用意された国民年金基金は、この組み合わせとほぼ同じような資産構成になっています。ちなみに国民年金基金を簡単に説明します。サラリーマンは国民年金（基礎年金）に加えて厚生年金に加入していますが、自営業者は国民年金しか入れないので、その上乗せの制度として、加入したい人が積み立てられるように用意された制度が国民年金基金です。

　それから国の年金として150兆円もの巨大な資産を運用するGPIF（年金積立金管理運営独立行政法人という組織の略称）もこれに近いような

資産構成で運用しています。これらは第6章で改めて説明します。

　確かに資産を4分散させることでバラツキが小さくなる様子は見て取れますが、それでもリーマンショックのあとは資産が3分の2程度に激減してしまいました。

　「こんなにリスクを取りたくない」ということで、株よりもかなり安定的な外国債券と日本債券を半分ずつに分散した例が**図表4-2**です。今度はブレの少なさが際立ちますね。

　このように性格が違う資産に分散させることで山谷を相殺し合い、リス

図表4-2　**長期で債券に2資産に分散した一例**（1985年1月～2017年9月）

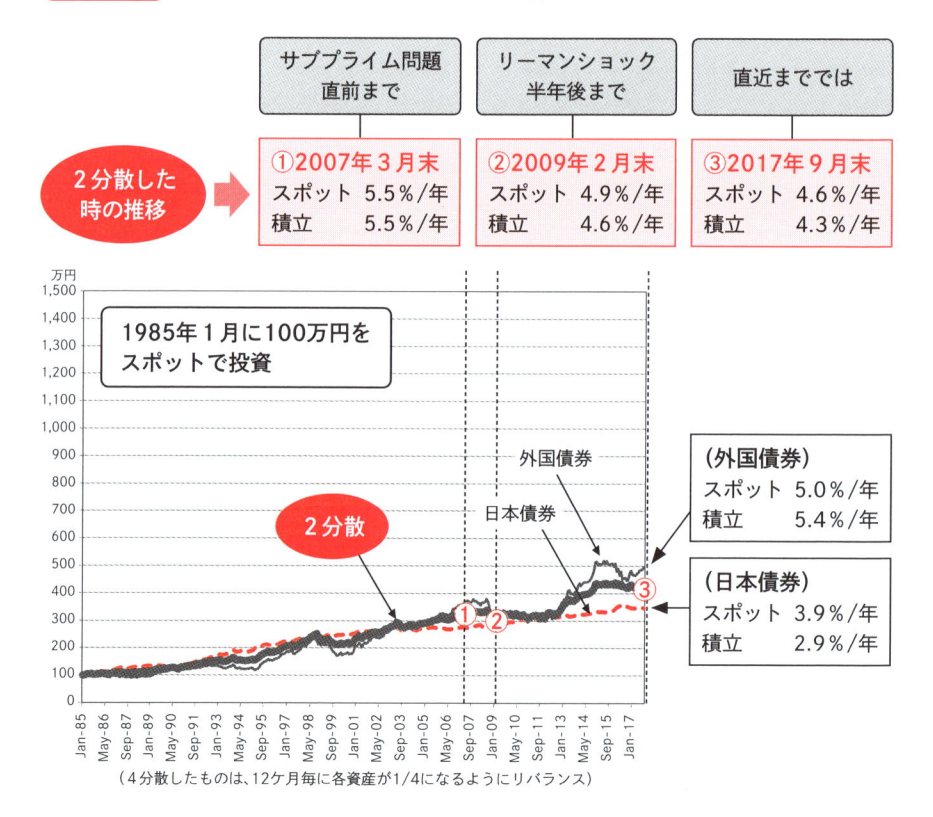

（4分散したものは、12ケ月毎に各資産が1/4になるようにリバランス）

クを小さくしていこうというのが分散投資の考えです。ちょっとでも動き方の違うものが組み合わされれば、そこには多かれ少なかれ必ず分散の効果が働きます。

2 人に頼んで分散運用してもらうのが投資信託

■ 一体、どの程度に分散すればいいの？

　例えば、トヨタのように非常に業績の良い銘柄でも一社だけではかなりバラツキます。日本株の市場全体のバラツキ具合に比べたら50％近くブレが大きくなります。それが、同じ系列とはいえトヨタの連結子会社を半分含めたグループにしただけでもブレの程度は、トヨタ一社と市場全体の中間まで縮まってきます。

　図表4-3のように、一般的には20銘柄前後で市場全体のバラツキ具合にかなり近づき、少なくとも40から50銘柄以上は欲しいといわれています。

図表4-3　じゃあ、どれぐらい分散させたらいいの？

何十の銘柄を買い揃えることは出来るだろうが……

何十とはいわずとも自分で選べば安上がり！

でも、自分で管理できる？

管理料を払ってプロに任せよう！
→それが投資信託（投信）

・例えば、某S投信は150銘柄に分散
　→毎月1万円の積立で150の銘柄を購入。
・TOPIXのインデックスファンドは
　約2,000の銘柄を一まとめ。

リスク（バラツキ）

（市場全体のリスク）

20　　　40～50
銘柄数

私達の年金作り→基本は投資信託！　　そして確定拠出年金も……

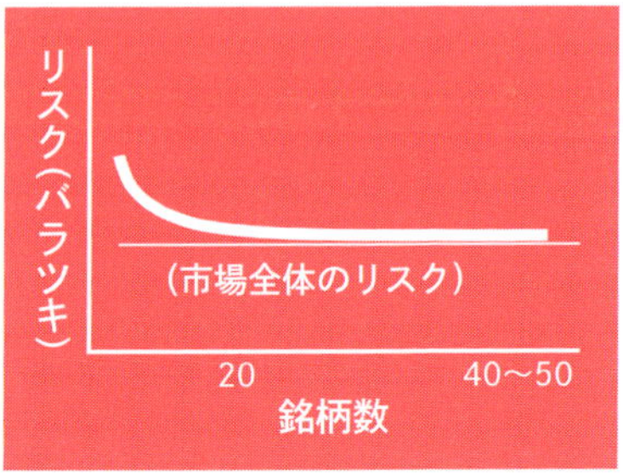

■ 数百円、数千円でも2,000銘柄が買える？

　皆さんが仮に20、30と銘柄を自分で買い集めたとしても、それを自分で売り買いして管理なんてしていられますか？　そこで大ぜいの人から集められたお金に自分も相乗りして、管理料を払ってプロに管理を任せてしまおうというのが投資信託です。

　プロがいろいろな立場で政治、経済、国際関係、そして企業を調査・分析し銘柄を拾い出しながら市場を出し抜いた成果を目指して運用していこうという、いわゆるアクティブファンドは数十、数百の銘柄に分散して運用しています。

　一方、日経平均とか東証TOPIX（株価指数）といった市場全体の値動きを示す指標と同じ動き方になるような疑似的なファンドをつくって運用する、いわゆる**インデックスファンド**（パッシブファンドとも言います）は、日経平均なら一部上場の225銘柄、TOPIXなら一部上場企業全部（約2000）銘柄を対象にしています。ですから、例えば確定拠出年金で毎月コツコツ1万円ずつ積み立てながら、その一部でTOPIXのインデックスファンドを買っている人は、数百円、数千円で2000銘柄を買っていることになります。

　このように毎月コツコツと自分年金づくりをしていく基本は投資信託、確定拠出年金もつみたてNISAも同様です。

　「リスクを小さくするために、性格の異なった資産に配分するのが分散投資だということはわかった。でも、自分はどういう資産にどのような割合で分散させたらいいのだろう」。これが一番肝心な課題ですが、これについては第6章でじっくり検討し合うとして、その前に基礎知識の最後の課題として長期で運用することの意味を次の章で確かめていきましょう。

第5章
長期運用とリスクの
本当の意味を理解しておこう

株も債券もそれぞれが上がったり下がったりバラバラに変動しています。一見デタラメなこのブレ方も長期で見ると実は一定の規則性があって、そこから、とても大切な情報をたくさん提供してくれます。

ちょっと理屈っぽくなるところですが、ここだけは、なんとか我慢してお付き合いください。

1 長期だと、こんなにすごい複利の効果

■ 期間が長いほど、利回りが高いほど、複利の効果が著しい

　図表5-1の上段はスポットで100万円投資したとき、下段は毎月1万円を積み立てた時の30年間の残高の推移を示しています。資産の運用は複利で膨らみます。元本に利息が付いて、次はその元利に対して利息がついてと、期間が長いほど、そして利率が高いほど残高が急カーブで増えていく様子がわかります。

　さて、この図を見ながら、ぜひ記憶に留めてもらいたいことは、利息が1％違っただけで長期で見ると残高が相当に違ってくることです。

　投資信託はプロに運用を委託するので継続的に管理費用（信託報酬）を取られます。株のアクティブファンドだと例えば年に残高の1.5％等が、日割りで抜かれていき、その分だけは確実に運用の成果が削られることになります。ですから長期になるほどコスト（管理費用）が大きいか小さいかは重要な意味を持ってくるわけです。

図表5-1 長期だと複利の効果ってこんなに違う！

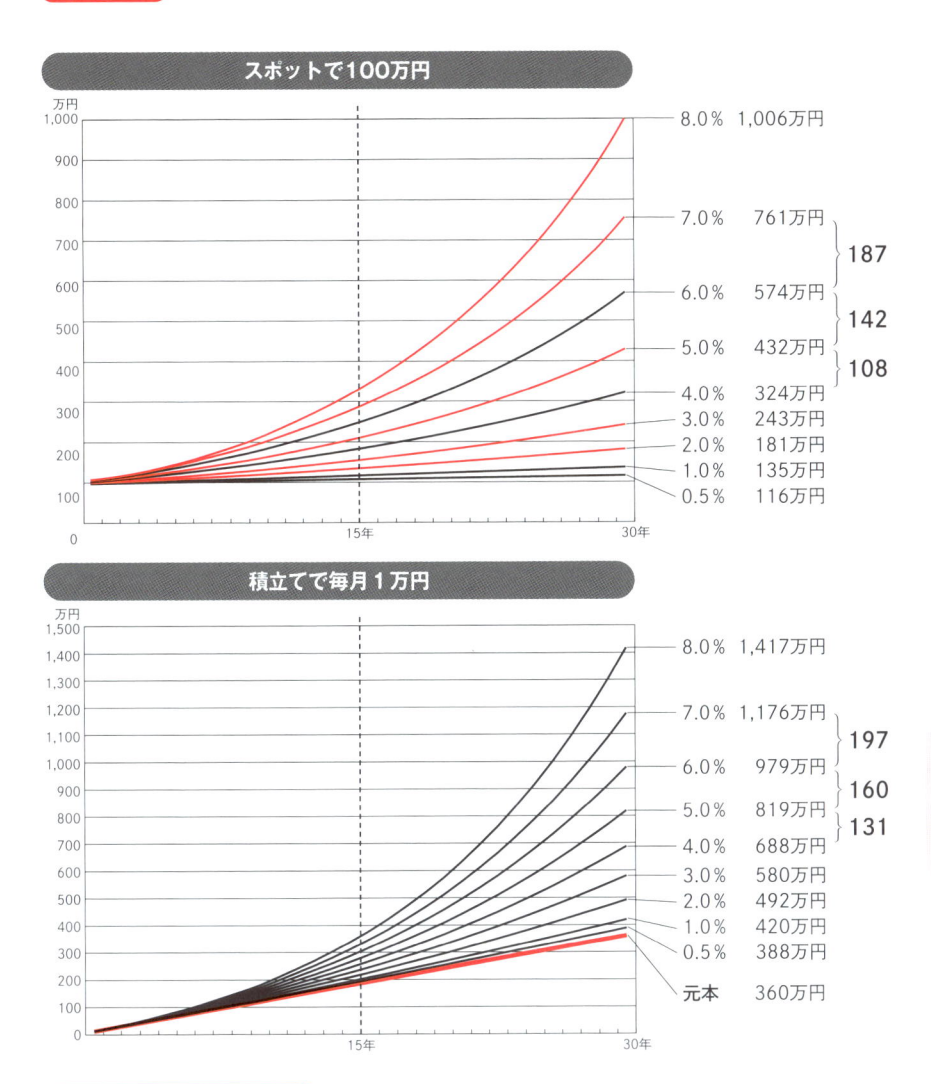

スポットで100万円

8.0%	1,006万円
7.0%	761万円
6.0%	574万円
5.0%	432万円
4.0%	324万円
3.0%	243万円
2.0%	181万円
1.0%	135万円
0.5%	116万円

187
142
108

積立てで毎月1万円

8.0%	1,417万円
7.0%	1,176万円
6.0%	979万円
5.0%	819万円
4.0%	688万円
3.0%	580万円
2.0%	492万円
1.0%	420万円
0.5%	388万円
元本	360万円

197
160
131

複利の効果は…

長期なほど！
利回りが大きいほど！
効果が強烈に！

第5章

2 皆さん、72という数字、聞いたことがありませんか?

　ちょっと余談になりますが、覚えておくと便利な数字です。

　日本債券は過去、2%の年利回りをかなり安定的に確保していました。「スポットで投資した資金が、この2%の複利で2倍になるのに何年かかるでしょう?」。

　答えは「72を2%の2で割った数字、つまり約36年です」。

　バブルのころの定期預金は利息が7%前後でしたから、72を7%で割った10年位で2倍になりました。それがサブプライム問題が始まる直前の都市銀行の5年定期の利息は0.5%程度、2倍になるのに144年、年表をたどると明治6年、西郷隆盛の西南戦争の少し前ということです。これがリーマンショックのあとになると0.05%程度、2倍になるのに1440年、聖徳太子が生まれたころでした。さらに2017年9月現在は0.01%で7200年。年表?　もうなんだかわかりません。「手数料を取られないで、お金を安全に保管してもらえる」。残念ながら、これが今の定期預金の現実です。遠からず使う予定のあるお金ならともかく、長期で準備していくための資金まで預金で寝かすのはあまりにもったいないと思いますがどうでしょうか。

3 いま投資を始めようか？ もう少し様子を見ようか？

■ 皆さんが、あのバブル期の真っ最中にいて積立を始めようか迷っていたら？

　図表5-2の上段は日本株式の市場の推移です。中段は過去のどこかの月にスポットで投資したとき、2006年末（サブプライムの前年末の高騰期）にいくらぐらいの利回りになっていたのかを示しています。図に記し

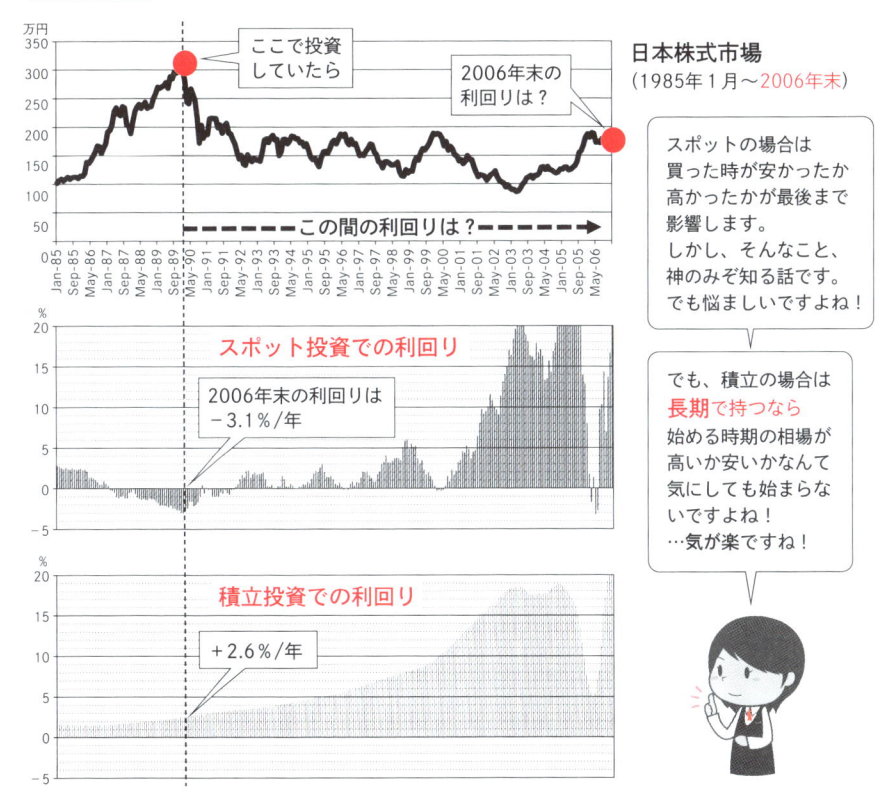

図表5-2 買う時の相場が高いか安いかの影響は？

たように、もしバブルのピークの1989年12月に投資していたら、利回りはマイナス3.1％位になっていました。18年間複利で毎年3％強ずつ減っていった計算ですから、大変なことです。

さて皆さんが今、1980年代の後半の市場がどんどん上昇する時期にいると仮定し、そして積立投資を始めようか思案中だったとします。

「証券会社がものすごく営業をかけているようなので、そろそろピークに近いのかなぁ、それともまだまだ上昇していくのかなぁ」、こんなことは誰にもわかりません。

当時、株式新聞の紙上で株の評論家が「NTT株は120万円で売り出して、あっと言う間に300万円を突破。でもまだまだ上がる。この先1,000万円になってもおかしくない」と予想を出した直後位から急落しはじめ、その後のバブルの崩壊と共に更に加速し、とうとう50万円まで落ち込んでしまいました。

さてこの時期、皆さんならどうしますか。「市場が高騰し続けているので積立投資をするにしても以前に比べたら口数を増やせず美味しくない時期になっているなぁ」とは思うでしょうね。でも、迷わず積立を始め出しますか？それとも、もう少し様子を見ますか？様子を見ると言っても何年先までになるかわかりません。あとになって「こんなことなら、あのとき始め出しておくんだったな」となるかもしれません。悩ましいですね。

しかし、そうこう迷っているうちに1990年に入ると株式市場が暴落。市場が一気に4割下がってしまいました。皆さんが様子見していたとしても、ここまで下がったら、「様子見をした甲斐があった」とばかり、さすがにもう積立をはじめ出そうと思いませんか。

そこで、**図表5-2**の下段の積立グラフを見てください。バブルのピークで積立をし始めた場合でも、その直後の暴落したあとから始め出した場合でも、2006年末でのリターンはほぼ年率2.6％でどちらもあまり変わりません。年数をもっと長期でとればさらに平らです。さて、一体なぜで

しょう？

■ 長期で考えるなら、積立はストレスがたまりにくい！

　皆さんがご理解している通りで確かにピーク前後の高騰期は口数をあまり増やせない時期でした。でも、その後の18年間（216ケ月）で買い込んだ全部の口数に比べたら、高騰した一時期に口数をあまり増やせなかったなんて大した数の差ではありませんね。だからほとんど差がでなかった訳です。

　一方、スポットで投資したときは、買った時の価格と将来の時価の2点を比べるわけですから、安く買えたか高値で買ったかは大変な問題です。でも、今が安いか高いかなんて誰にもわかりません。わからないけれど間違いなく最後まで付きまとわれます。気になります。

　こうしてみると、年金づくりのように長期で積立をするならば、今、相場が高いか安いか、今始め出した方が得か損か、なんて考えても始まらないですよね。そんなことより、これから先の長い期間で結果的に相場の低い時期が多ければ余計に口数を稼げるでしょうし、高い時期が多ければ割を食うことになりますね。でも、そんなことは神のみぞ知る話です。その不確定さを減らしたい人は目先の相場を読んでいじくり回すのではなく、自分の資産構成の組み方（リターンの期待は多少犠牲にしても長期的に安定性を重視しようか等）で対応することになります。結局、早く始め出すことこそが大切ですね。ストレスがたまりにくい！ここでも積立投資の本質をかいま覗けます。

4 上がったり下がったり、バラツキってデタラメ？

■ 一見、デタラメのようでも長期になると一定の性格がみえてくる！

　図表5-3は、これまで何度も顔を出してきた外国株式市場の推移ですが、今度は角度を変えて、前の月から１ケ月の間に何％上がったか下がったかをグラフにしてみました。１ケ月で25％も急落した月がありますね。1987年10月のブラックマンデーと、もう一つは2008年９月のリーマンショックの翌月です。

　しかし、グラフのバラツキ方を見ていると、何の規則性も因果関係もなく、ただバラバラに散らばっているとしか思えません。でも、何％のものがいくつあるかと数えてその数を積み上げたグラフにしてみると、データ

図表5-3　市場のバラツキ方ってデタラメ？・外国株式市場

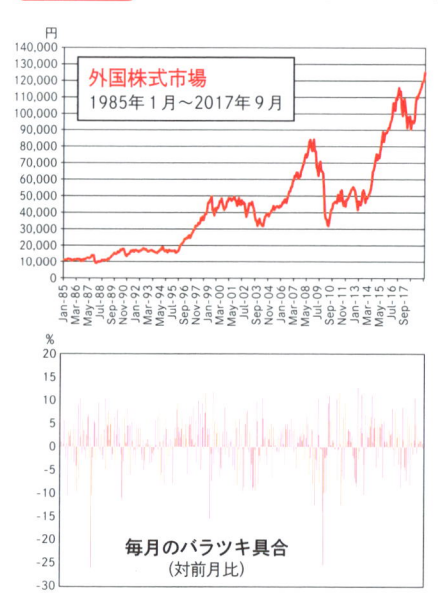

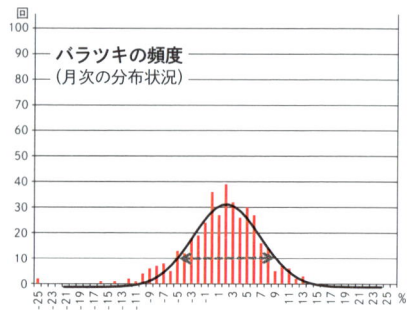

・一見、メチャメチャのようでも数が
　多くなると一定の性質がみえてくる
　長期
・そして中心からのバラツキの程度…
　それが、「リスク」
・だからリスクが大きいということは？

数が多いほど、つまり長期になる程、その散らばり方が一定の法則性を帯び、つりがね状（いわゆる正規分布）を示してきます。これって実は、"このバラツキ方はデタラメ状態ではなく、確率の世界で説明できるんだ"ということを示しているのですが、そんなことはともかくとして、リスクが高い（バラツキが大きい）ということは、このつりがねが上から押しつぶされたように裾が左右に広がった状態（つまり、うんと儲かるかもしれない代わりに大損するかもしれない）、逆にリスクが小さいということは左右が狭まってスクッと背が高くなることだということはわかりますね。

　それでは、**図表5-3**から**図表5-6**にかけて、外国株式、日本株式、外国債券、日本債券の順に、毎月のバラツキ方とつりがね状の図をパラパラっとページをめくって眺めてください。ハイリスクだけれどハイリターンを期待できるかもしれない株式と、ローリターンだがブレの少ない安定的な債券の違いが一目でわかります。特に、日本債券の安定性に改めて驚くのではないでしょうか。

図表5-4　**日本の株式市場は？**

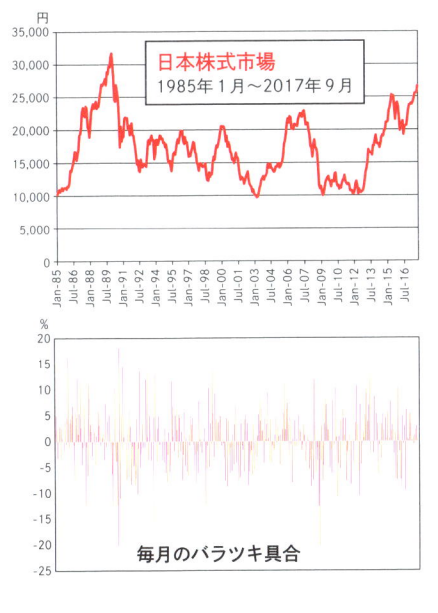

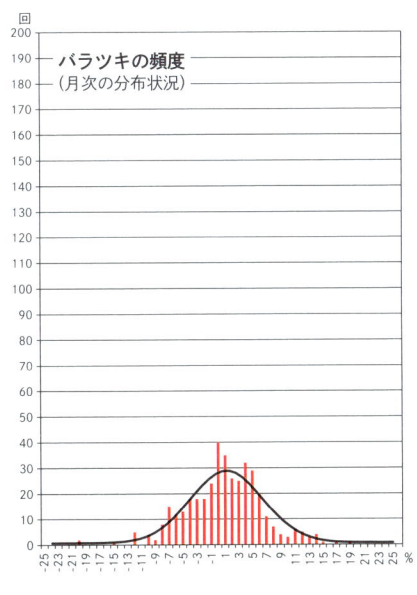

図表5-5　外国債券市場

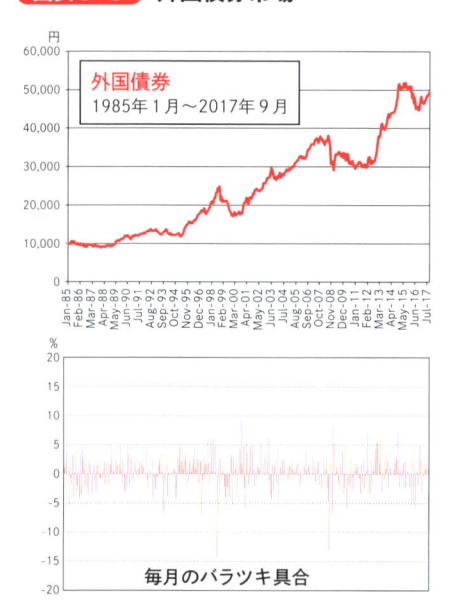
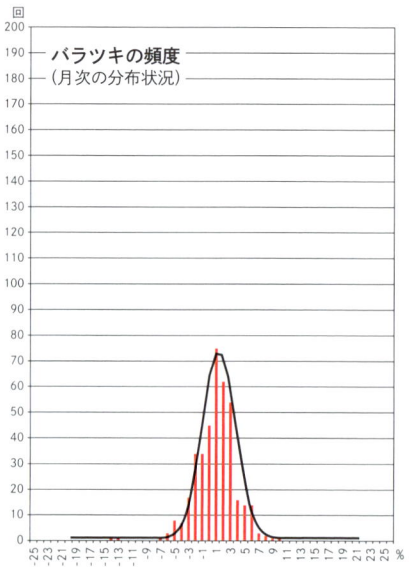

図表5-6　日本債券市場

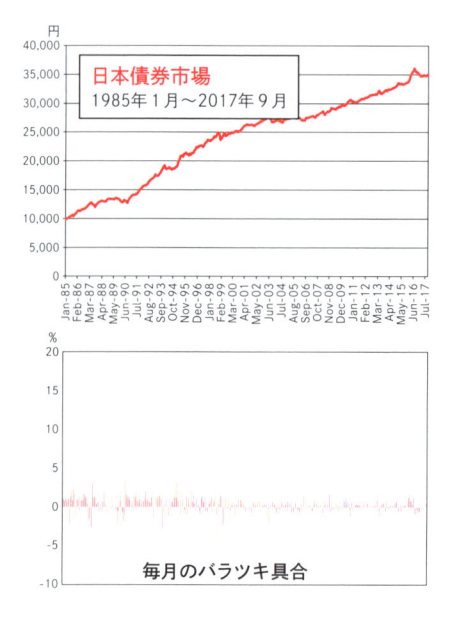
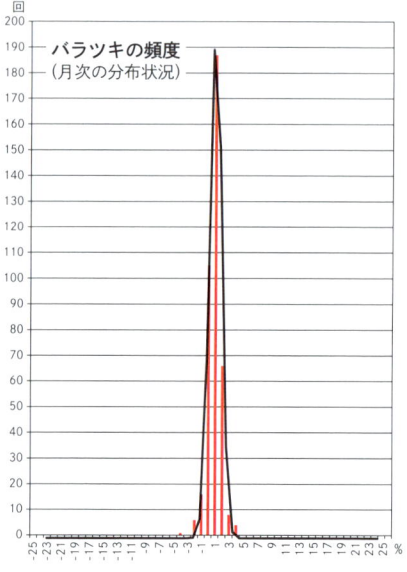

5 つりがねの図が示す 本当の意味は？

■ 理屈っぽくて恐縮ですが、とても大事な話に入ります

　本項と次の6項は、ちょっと理屈っぽい内容です。以下を飛ばして、次の章に進んでも以降の脈絡に支障はないと思います。でもこの章を理解すると、長期で運用することの本当の意味、大切さが見えてきます。

　その意味深さを示す事例を一つ取り上げてみます。

　もう20年近くも前の話ですが、私のところにやってきた証券会社の若いセールスマンが、雑談中に次項（「6 10年、20年、30年と長期に続けたら？」の項）で示すグラフに目を止め、食い入るように眺めながらこんなことを言いました。「これって証券会社にない概念ですね」……基本的な内容ですし、筆者にはそうは思えなかったのですが。

　そして、理由は後述しますが「自分のやっていることは顧客のプラスになっていない」と言って間もなく退職してしまいました。たまたま何か迷いがあって、その踏ん切りになっただけかもしれないと思っていましたが、実はこのようなケースはその後、一度だけの話ではありませんでした。

　筆者の伝えたい主旨は次の第6項に要約します。本項はそのための予備知識の位置づけとなります。

■ ところで、「リスク」の大小って、どんな物差しで表すの？

　皆さんは「リスクが大きいという意味は、変動のブレが大きいことだ」ということは既に理解されています。でもリスクが大きい小さいって具体的にどんな尺度で表現しているのかが曖昧のままです。そこでまず、ここをはっきりさせておきましょう。

例えば、皆さんが前項の**図表5-3**、外国株式のグラフで、左下の"毎月のバラツキ具合"のグラフを見せられて「この図の棒グラフの平均を

計算したら0.8％位なのだけれど、このグラフ全体のバラツキの程度を表現するとしたら、どうしたらいいだろう？」と聞かれたらどのように考えますか。

難しく考える話ではありません。折角、平均を0.8％と出してあるのだから、その0.8％からそれぞれの棒がどの位ブレているのかを出して、その平均をとれば、平均の0.8％から全体として何％のブレ具合になっているかが表現できますよね。

（例えば、ある月がプラス3.8％だったら平均の0.8％からのブレ幅は3％。マイナス5％の場合はプラス側の0.8％とマイナス側の5％で5.8％と単純な計算結果を平均しただけの話です。ただ、計算結果がプラスになったりマイナスになったりでやりにくいので、計算にひと加工だけしています）。

普通はそれを年率に置き換えて示しています（このケースでは年率19％）。これをリスク（堅苦しく言うと標準偏差）と呼んでいます。

このリスクは例えば日本債券市場なら5％以下、外国債券市場なら10％弱、外国株式市場なら20％程度、日本株式市場なら20％強程度と、投資に関する数字のなかで一番信用できる安定した物差しなのです。

■ あなたはリスクを取りたい人？　なるべく避けたい人？

さて本題のつりがねの話をする前に、まず単純な話から始めます。将来のある時期に例えば1,000万円を確保したいと考えました。その場合貴方なら、①上下に大きくブレながら1,000万円に到達するケースと、②小さいブレ幅のなかで堅く1,000万円を確保するケースのどちらを望みますか。①はうまく行けば思った以上にもっと大きくなっているかもしれないし逆になるかもしれません。ギャンブル性を好む人もいるかもしれませんが、

多くの人は②のリスクの小さい方を好むのではないでしょうか。

　ですから、将来に期待するリターンがどの位かということと一緒にリスクがどの程度だということも大事な情報ですね。

　従って、「この株式の投資信託は、期待リターンは8％、リスクは20％位を想定している」というような表し方をします。さて、これって具体的にどういう意味でしょう。実は、これを説明しているのがつりがねの図なのです。

■「期待リターン8％、リスク20％」ってどういう意味？

　皆さんが100万円投資したとします。期待リターンが8％ということは、期待通りなら1年後に残高が108万円。これはだれでもわかります。さて次のリスク20％、つまり100万円に対する20万円ってどういう意味があるのでしょう。

　実は、ここが一番理屈っぽく、説明しにくい部分です。研修でも、ここをきちんと話すと聞いている人は一杯いっぱいになりがちで、日ごろ頭を悩ませている部分です。でも、ここを理解するとそのあとの説明がとてもスムースになるため、頑張ってお付き合いください。

　83頁**図表5-7**のつりがねの部分は、1年後に収まっているであろう可能性の全体を示しています。

　期待値108万円の近くに収まる可能性が一番高く、左右に遠ざかるに従って段々に確率が低くなっていきます。108万円を中心に左右に20％の20万円（つまり88万円から128万円）の中に、1年後は3分の2位の可能性（確率）で収まるでしょうね、ということを意味しています。

　更に、左右にリスクをもう一つ分だけ広げた68万円から148万円の中に収まる可能性は95％。つまりこの範囲内にほとんど収まっているでしょうね、ということです。

　もう一つ広げると99％ということなのですが、一般的にはここまで厳し

く考えず、リスク２つ分の95％のブレ幅で将来を想定しています。

■ 恐慌、暴落ってどれぐらいの確率で起こるの？

　さて、「期待リターン８％、リスク20％」のつりがねを眺めると、左右にリスク２つ分（95％の確率）から僅かですが裾がはみ出していますね。これはどの位の頻度ではみ出すのでしょう。中が95％ですから、はみ出す部分は左右で５％、片側には2.5％ですね。つまりマイナス側へは、年で言えば100年に２回か３回ははみ出すでしょうねということになります。いわゆる暴落とか恐慌といわれる事態です。

　ですから95％の境目は、暴落とか恐慌ではなく普通の運用状況でも最悪、これぐらいまで落ちることは覚悟の話ですよ、ということになります。

　このように毎月のバラツキの図は一見デタラメのようですが、長期でみると私たちにこれだけではなく、この先のもっとたくさんの情報を与えてくれているのです。

■ 延々とマイナス運用が続くこともある？

　ここで、このつりがねの図はもう一つ、大事なことを私達に語り掛けています。つりがね全体が１年後に起こる可能性の全部ですが、この図から１年後に元本の100万円を下回る可能性だって全体の面積の３分の１程度ありそうだということがわかります。

　「エッ、それってまずいじゃん。そうすると、ずっと元本割れを起こすことだってあるということなの？」と思いませんか。

　それでは、こうした運用を10年、20年、30年と長期に続けたらどうなるのでしょう。

　実はここまで延々と、面倒な話にお付き合いいただいたのは、この話につなげたかったからなのです。

図表5-7 1年後にはどうなっているんだろう？

「期待リターン8％、リスク20％」と言ったら？

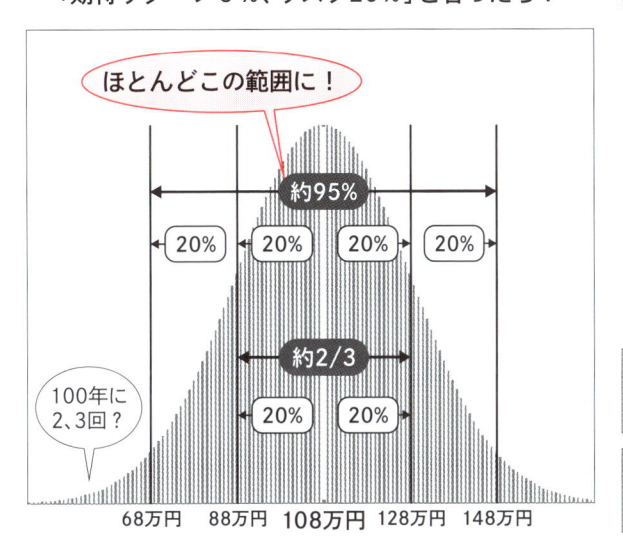

期待通りなら108万円！

でも、このリスク
20万円って？

元本割れの可能性だって
1/3位の確率で！

じゃあ、ずっと
元本割れの危険も？

6 10年、20年、30年と長期で続けたら？

■ 時間の経過と共に元本割れの可能性はだんだん小さくなる！

前項では「長期で徐々に資産が増えていく期待の一方で、上下のバラツキも同じようにどんどん大きくなっていくとしたら、いつまで経っても元本割れの可能性は無くならないのでは？」という疑問が残りました。

結論から言うと、バラツキの広がりも確かに段々と大きくはなるのですが、それ以上に資産の増え方の方が大きいので、（理由はこのあと、**図表5-9**で説明します）、最初は元本割れの確率が高くても時間の経過とともに元本割れの可能性は段々と低くなっていきます。

これが長期で運用することの本当の意味合いで、ここに至るために面倒くさいつりがねの講釈にも我慢して付き合っていただいたわけなのです。この長期で運用する話の中には、これから堅実に資産を育てていく皆さんにとって、とても大切な事柄がいろいろと含まれていますので、一つ一つ説明していきます。

■ まず、不確かな期待リターンを想定することから始めます

将来を予測するうえで一番知りたいのに一番不確かなのが期待リターンです。期待リターンを想定するのにいろいろな方法が採られていますが、過去の実績データをそのまま使う方法としては、利回りが高めに計算される傾向がありますが、毎月の騰落（月次のリターン）の平均をだして、これを年率にして将来の期待リターンとしています。

単純に最初と最後の価格で利回り計算をする訳ではありません。それですと途中の山谷の変動が全く無視され、また、最後のある日の瞬間の価格

で将来に期待する利回りが決められてしまいます。ですから毎月の変動を平均して使っているのです。

　図表5-8の上の図は、76頁**図表5-3**で示した月次のリターンの図です。このグラフを左端から平均していったものが下の図です。外国株式市場については、年利約10％の成長が期待されるという計算結果になります。

　また、この間のデータを計算すると（計算過程は省略しますが）リスクは19％となります。

　ところで実際の機関投資家は外国株式に10％のような高い期待リター

図表5-8　外国株式市場の月次リターンとその平均

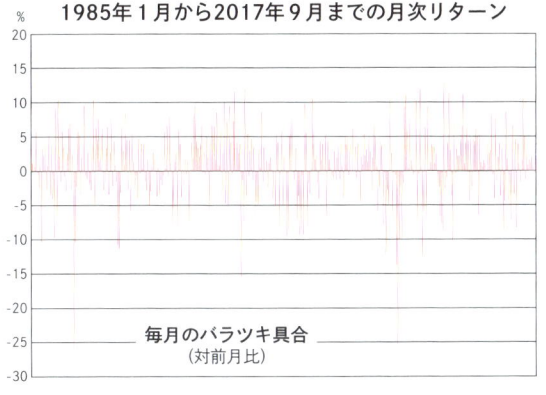

ンを設定しているわけではありません。別途の計算方法をとって７、８％とか低いところは５％程度で期待リターンを設定しています。次章では皆さんが自分のポートフォリオを決める話になりますが、その際の外国株式市場の期待リターンは機関投資家の実例にそって７％程度で皆さんと考え合うつもりです。

しかし、この章では過去の市場の実績をいろいろな角度で皆さんと確認し合いたい意図もあって、過去の毎月の当落の平均で期待リターンを出しました。

図表5-9 外国株式市場の期待リターン

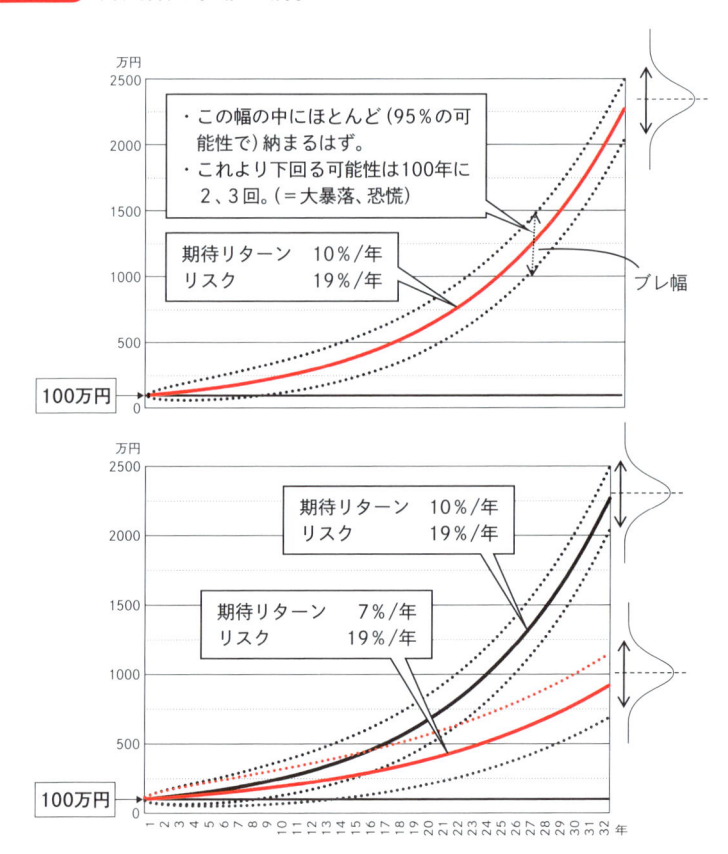

図表5-9の上段は、期待リターン10％、リスク19％の場合、外国株式市場は将来、ほぼこのような範囲に収まりながら推移していくだろうということになります。ちょうどつりがねを横倒しにして並べていったイメージですね。

　下の図は期待リターンが7％の場合を重ねて示しています。10％と7％では、7％の方がブレが広くなっているように見えますが目の錯覚です。同じ経過年数のところではリターンの大きさに関係なくブレ幅は同一です。

　前項で、投資した1年後のつりがねの図を見てきた印象と比べると、「この95％のブレ幅は思ったより、やけに狭い。もっとずっと広がっていても良いのでは？」と思いませんか。そうです。そこがポイントなのです。月次リターンの図でわかるように、バラツキはある月はプラス方向に、ある月はマイナス方向にとバラバラに散らばっていましたね。これを長い期間で見るとどうでしょう。お互いに相殺しあいますから、ブレの広がる程度は緩やかになっていくだろうと思いませんか？

　ブレの幅自体は時間と共に段々大きくなってはいくのですが、ブレが相殺しあう結果、**図表5-9**のように広がり方の程度が抑えられるのです。時間の経過に沿った、これも分散の効果ですね。

■ 株の投資信託は10年ぐらい、元本割れの覚悟が必要！

　この図にはもう一つ、とても大事なことが示されています。図が小さくてちょっと見づらいかもしれませんが、外国株式市場は暴落や恐慌でなくても投資し出してから10年程は元本割れが起こりうるということです。これは日本の株式市場でも同様です。

　ですから確率的に堅実な運用の成果を期待するには時間が必要だということですね。

　ところが株にしろ投資信託にしろ実際の売買は、証券会社と顧客の間で短期勝負になりがちです。顧客は価格が上がる上がると、どこかでまた

落ち出さないか、一旦解約して利益を確保した方がいいのかソワソワしだ します。逆に低迷しだすと、このままでいいのか不安に駆られます。証券 会社も顧客が売り買いをしてくれる度に販売手数料が転がり込みます。前 項で登場した若いセールスマンは「自分たちは10％上がった下がったで顧 客に次の商品を勧めに行かされます」と言っていました。短期売買で手早 く利益を増やしたい客、堅実な資産づくりを目指す客と人それぞれでしょ うが、このセールスマンは**図表5-9**等のグラフを見て、短期の売買に客 を囲い込んでいく日頃の営業活動に疑問を抱いたということです。

それにしても**図表5-3**の、あの因果関係なく毎月バラバラに上げ下げ しているだけのデータが、私たちにこれ程の情報を提供してくれているわ けです。

このように、「長期」と「リスク」は、別々でなく一緒に考える必要が

図表5-10 外国株式市場の推移

1985年1月〜2017年9月迄

外国株式市場の
期待リターンは10％/年
リスクは19％

外国株式市場の
リターンの実績は
8.2％/年

(参考)
20年目のリスクは
$\sqrt{20}$×リスクで試算

100万円

あることもおわかりいただけたのではないでしょうか。

■ 理屈はもういい、でも実際はどうだったの？

　図表5-9で変哲もないただの曲線を見せられてもピンとは感じにくいです。

　「理屈はそうなのかもしれないけれど、でも実際の動き方はどうだったの？」とよく聞かれます。この図は、過去の毎月のデータのバラツキ具合をもとに、将来への期待値を想定しようというものですが、それではイメージが湧かないので、分析した期間（1985年から直近）の実際の市場の動きを当てはめてみます。

　図表5-10は、この間の外国株式市場の実際の動きを重ね合わせたものです。リーマンショックの爪あとがいかにすごかったか一目瞭然です。

　さて、**図表5-11**では前図（**図表5-10**）に日本債券の動きを書き添えてみました。日本債券はリスクが小さいので95％に収まる幅がこんなに狭くなります。でも、バブル期前後に売り出された高い利息が付いた日本債券が満期（償還）を迎える2000年前後までは市場が異常に高騰していますが、それにしてもバラツキの少なさが目を引きます。

　さて、「日本債券だけでは物足りない。もう少しリスクをとってもリターンを期待したい」ということで、日本債券に4分の1だけ外国株式を加えたケース、それから半々にしたケースを書き加えてみました。リターンが高まるに連れリスクも大きくなっていく様子が見て取れます。

　なお、日本債券は1990年代までの異常な高値を含んだ数字で期待リターンが算出されているため、ここでは単なる比較のための参考資料程度に捉えてください。

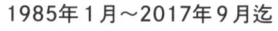

図表5-11 外国株式と日本債券の市場の推移

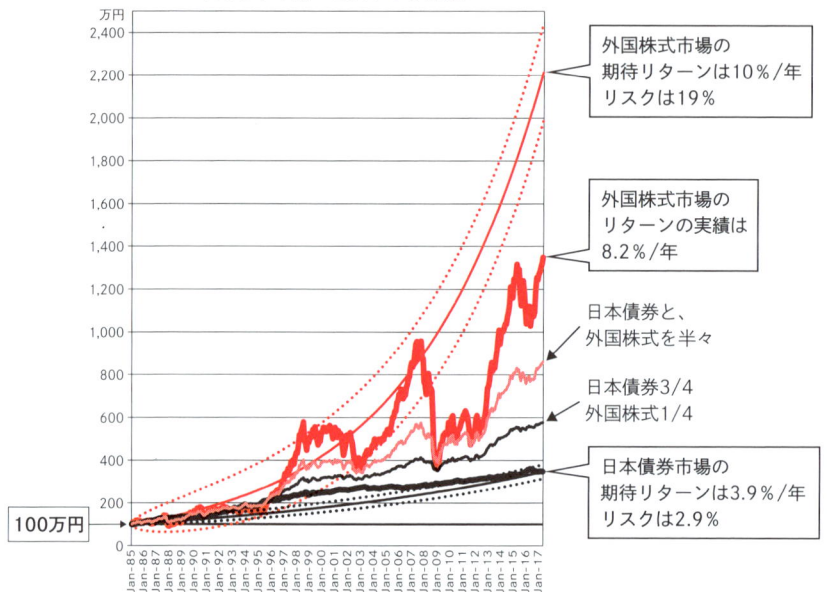

1985年1月〜2017年9月迄

外国株式市場の
期待リターンは10％/年
リスクは19％

外国株式市場の
リターンの実績は
8.2％/年

日本債券と、
外国株式を半々

日本債券3/4
外国株式1/4

日本債券市場の
期待リターンは3.9％/年
リスクは2.9％

100万円

「プロが運用できないのに素人に やれる訳がない!」ってホント?

■ 出ていくお金も多いので、積立のメリットを活かせない

　「厚生年金基金だって確定給付企業年金だって、毎月掛金が入ってくる積立運用じゃないですか。それなのに、市場が低迷すると、ずっと運用に失敗し続けて加入している企業は積立不足の補てんで大変な負担を強いられてきました。プロができないのに素人が運用なんてできる訳がありません。これってどう考えているのですか?」。

　過去のセミナーでも経営者との面談でも、幾度となくこういう質問を受けました。皆さんもそう思いませんか?　極めて素朴で自然な質問だと思います。

　でも、皆さんがコツコツ積み立てて行く運用と機関投資家の年金運用とは置かれている立場が全然違うのです。そして、今の皆さんなら、その答えをきちんと理解できます。今までの知識の整理のつもりで、一緒に考えてみましょう。

　皆さんは第3章の**図表3-1**（49頁）の説明で、相場が大きく下がっているときは口数を沢山買い付けられるので継続していく人には大きなメリットですが、1口当たりの時価も下がっているので、ここでやめたらやはり大きなマイナスになってしまうことを理解されました。

　年金運用も毎月掛金がどんと入ってきますが、同時に年金や退職金を支払うために同じぐらい、あるいはそれ以上に解約が発生してしまうのです。例えば150兆円の資金を持つ日本の年金運用（GPIF）は、毎年約45兆円資金が入ってくる代わりに45兆円払い出しています。中小企業でお馴染みの中小企業退職金制度も4.5兆円の資産に対して、毎年約3,500億

円が出入りしています。この1、2年間でほとんど姿を消す厚生年金基金でも、高齢化で年金受給者がどんどん増える結果、毎月入ってくるお金よりも、毎月出ていくお金の方が多いところがたくさんありました。このように年金や退職金の運用では出ていくお金が同時に発注するのでせっかくの低迷期に積立のメリットを活かしにくいのです。

■ 年金・退職金の運用は低迷が許されない

さて、年金や退職金を預かるプロの運用と皆さんの年金づくりとでは、もう一つ、大きな違いがあるのです。

皆さんは86頁の**図表5-9**でリターンを求めるためには必ず、ある期間のマイナス運用も覚悟せざるを得ないことを理解されました。まして、市場が低迷するときは何年も大きく沈み込むことは珍しい話ではありません。長い先を目指して積立運用を続けている皆さんにとっては、マイナス状態こそウェルカムなわけです。

しかし、確定給付企業年金や厚生年金基金の運用では、こういう事態は頭を抱えたくなる状況です。毎年、財政具合を検証し、例えば、社員一人ひとりが将来退職するときのために、過去の勤務期間に応じた必要額をきちんと確保できているか等を調べ、不足が続くと法のルールに従って多額の穴埋めを加入企業に求めることになり、企業の財務に重大な影響を及ぼしかねません。

ですから企業に代わって資金を運用するプロにとってはマイナス運用が続く時は、まさに針のムシロに座らされたような状態です。

このように、皆さんが長期に積み立てていく場合と、短期を意識せざるを得ない企業年金のプロの運用とは立場が全く違うのです。

■ 長期の投資の意義を整理すると…

図表5-12に長期運用の利点を整理します。

> 複利の効果の期待

> 元本割れの確率が漸減（長期で市場の右上がりが前提）

> 始める時期の相場を気にしても、あまり意味がない（積立投資の場合）

でも…

・長期だから、リスク（バラツキの幅）が
　小さくなるとか、
・長期で持てば、必ず資産が大きくなる、
　というわけではないけれど…

・複利の効果で資産を増やしていけることでした。

・年々資産が増えていくなかで元本割れの確率が段々と小さくなることでした。

　これを理解していただくために、資産のバラツキ、つりがねの説明等、かなりのスペースを割かせていただきました。

・積立の場合、長期で考えるならいま市場が高いか安いかなんて、気にしてもあまり意味がなく、そんなことよりも早く始めだすことが大切でした。

　ただし、「長期だとリスクが小さくなる」という表現を見聞きしますがこれは正確ではないので注意してください（このことは第8章で補足説明します）。

第6章
自分の資産配分を決める!

この章からが実践的な話となり、一番の核心となります。いろいろな年金運用機関の事例等を参考にしながら、「自分だったら、こういう資産の組み合わせにする」と決めてもらいます。

さらに、皆さんそれぞれが決めた組合わせの場合、世間では長期的にどの程度の利回りを期待しているのだろうということを計算してもらいます。

1 株、債券にどの程度の利回りを期待しますか?

■ 自分のポートフォリオを考える

さて、この章でいよいよ核心に迫ります。今までの基礎知識をもとに、「自分だったらどのような資産配分にしようか」、そして「自分が選んだ資産配分だったら、世間では長期的にどの程度のリターンを期待しているのだろう」というテーマに取り掛かりましょう。

自分の考えに沿って組み合わせた資産配分のことを「ポートフォリオ」と呼んでいますが、資産運用で一番大切なのは、この「どういうポートフォリオにするか」です。この章では「内外の株、債券をどのように組み合せようか」に焦点をおき、具体的な商品の選択については次章で取り上げてみましょう。

そして、この章の終わりで、自分のポートフォリオからどの程度のリターンが期待できるのかを把握し、第11章で、将来に備えるためにその期待リターンで今からいくらぐらいの準備が必要かを確かめます。

さて、ここで一番不確かなのが期待リターンです。前章では、過去のいろいろな実績データを確認する意図もあって、過去の月次騰落の平均から将来の期待リターンを出してみました。しかし、皆さんの退職金や年金の資産を預かって大口で運用している機関投資家はこうした方法は採らず、別途の想定方法でもっとずっと低めを想定しています。

■ 企業年金連合会の期待リターンを参考に!

皆さんがこれから自分で決めるポートフォリオの期待リターンは、そうした機関投資家の代表格である企業年金連合会（旧名：厚生年金基金連

合会）という組織が10年から20年のスパーンで株や債券に期待している利回りを引用してみます。企業年金連合会を引用した理由は、別記のコラムをご参照ください。

　図表6-1の上段は企業年金連合会の期待リターンとリスクです。下段は参考に、ネットで検索した他の機関投資家の例を表示しました。

　企業年金連合会の期待リターンは日本の債券を1.5％、外国債券を3％、日本株式を5％、外国株式を7％と見込んでいます。

　しかし「他の機関投資家の数値の方が納得できる」という人は、この章の最後にポートフォリオの期待リターンの計算を行ってもらいますので、そこで自分の納得できる利回りを使ってみてください。

　さて、この章ではいろいろなポートフォリオのサンプルを並べ、それが企業年金連合会だったら長期で年率何％ぐらいのリターンを期待し、どの程度のリスクを想定しているか確認してみます。

図表6-1　企業年金連合会の期待リターン

	期待リターン	リスク
日本債券	1.5％/年	5.5％
外国債券	3.0％/年	12.0％
外国株式	7.0％/年	22.0％
日本株式	5.0％/年	24.5％

期待リターン、リスクの他例

	GPIF（年金積立金管理運用独立行政法人）		KKR（国家公務員共済組合連合会）		ニッセイ基礎研究所	
	期待リターン	リスク	期待リターン	リスク	期待リターン	リスク
日本債券	3.0％/年	6.5％	1.0％/年	2.0％	1.50％/年	2.01％
外国債券	3.2％/年	12.9％	1.8％/年	18.0％	2.50％/年	9.66％
外国株式	5.0％/年	22.5％	5.0％/年	20.0％	5.00％/年	20.46％
日本株式	4.8％/年	22.5％	4.2％/年	18.0％	5.00％/年	18.10％

（ポートフォリオのリスクを計算するには、それぞれの資産の間でお互いのバラツキをどの程度相殺し合えるか（相関係数と呼んでいます）を挟んだ、ちょっと長い式の計算をするので、ここでは説明を割愛し大ざっぱにイメージで捉える程度に留めます）。

（参考）リスクの補足説明

　リスクについては5章で説明しましたが、5章を読み飛ばして、この章に入ってこられた方もいると思います。

　そこへいきなりリスクが何％と表示されるととまどってしまいますので、一言、ごく大ざっぱに説明させていただきます。

　リスクは"ブレの程度"を示す言葉だということは、すでにご存知だと思います。でも"ブレの程度"などと言われても抽象的すぎてイメージが湧きません。

　そこでまず過去のデータから、毎月何％上がったか下がったかの平均を出します。その平均からそれぞれの月がどれぐらい上下にブレていたのかを測ってそのブレの平均を出せば、中心からのブレの程度をひとつの数字で言い表せますよね。

　その数値が非常に小さければ、例のつりがねの図がスカイツリーのようになるし、大きければ富士山のように裾広がりになる訳です。この数値を年率で表して「リスク」と言っています。

　前頁の**図表6-1**の企業年金連合会の表で、日本株式のリスクが22％、日本債券が5.5％だということは、日本債券に比べて日本株式の方が約4倍大きくバラつくということを示しています。日本株式の方が、第5章4項（76頁〜78頁）のつりがねの図の裾が4倍左右に広がった形になります。

（1）企業年金連合会の期待リターン

　企業年金連合会の期待リターンは、日本の債券を1.5％、外国債券を3％、日本株式を5％、外国株式を7％と、他の機関投資家よりも若干高めのリターンを想定しています。理由は、前章で説明したように機関投資家は毎年財政検証し積立不足があると対応を迫られるため長期の年金運用であっても、どうしても短期を意識せざるを得ません。

　そのため、期待リターンも慎重にならざるを得ない事情を抱えていますが、企業年金連合会はそうした縛りがないため長期の視点で考えられます。ですから皆さんの自分年金作りも企業年金連合会と同じような立場で期待リターンを考えてみます。

（2）リスクは？

　リスクについては、企業年金連合会も以前は他の機関投資家と同じように過去のデータをもとにリスクを算出しその数値を公表していました。

　しかし、近年は他の機関投資家と全く別な概念に切り替えており、従来のように確定的なリスクの数値が出せないため、数年前まで採用されていた数値をそのまま使いました。企業年金連合会も他の機関投資家を対象にセミナーを行う場合は、従来のような一般的なモデルで説明しているとのことです。

（3）企業年金連合会の株式の選択方法は？

　現在の企業年金連合会の株式に対する運用の基本方針は、日本株式、世界株式を分けて考えず、日本株式を含めた世界の株式市場の指標に沿って運用することにしています。指標に占められている日本株式の割合は8％位となっています。しかし、実際は3分の1以上、日本株式を組み入れて運用しています、とのことです。

第6章

次項で企業年金連合会の運用や国の年金運用などいくつかのポートフォリオの実例を示します。そのあとでいろいろな人が選んだ組み合わせのサンプルを並べてみます。それを何度かパラパラとめくりながら、自分だったらどういう組み合わせにしようかイメージしてみてください。それぞれ、サンプルに過ぎませんので、図表の組み合わせに捉われる必要は全くありません。

実際に研修の場でこんな風にやりますと、どこで実施しても、ほとんど全員の方が「私はとりあえず何番目の組み合わせでやってみる」「自分は、これらの図とは違うが、こういう組み合わせを考えたい」などと意思表示されます。

なお、参考として、各々の図には、その資産構成だったら企業年金連合会が10年から20年の長期スパーンで期待する利回りを書き添えました。

皆さんは「この利回りだったら将来いくらぐらいの資産になっているのだろうか？」という関心を持たれると思います。その際は、巻末の表234頁〜237頁の表A・表Bをご利用ください。

234頁の表Aは毎月1万円ずつ積み立てたとき、236頁の表Bはスポットで1万円投資した時、何％の利回りで運用したら、何年後にいくらになっているのかの早見表です。表の使い方については第11章で改めて説明します。

この章のすべてのグラフは、12ケ月ごとに、崩れた資産構成を最初の配分に戻しています（リバランスとかスイッチングといわれています）。放っておくと、運用が良かったり悪かったりする結果、最初に設定した比率からどんどんズレてしまうからです。

2 機関投資家の ポートフォリオの実例

■ 実例①「企業年金連合会のポートフォリオ」

　図表6-2は企業年金連合会の資産構成です。機関投資家はポートフォリオのことを政策アセットミックスなどと呼んでいます。資産（アセット）をどう組み合わせるか（ミックスさせるか）こそが、最も重要な運用政策なのだということです。

図表6-2　①ポートフォリオの実例（企業年金連合会の例）

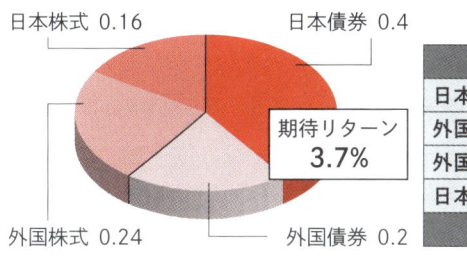

日本株式 0.16　　　日本債券 0.4
期待リターン 3.7%
外国株式 0.24　　　外国債券 0.2

期待リターンとリスク

	期待リターン	リスク	構成割合
日本債券	1.5％/年	5.5％	40％
外国債券	3.0％/年	12.0％	20％
外国株式	7.0％/年	22.0％	24％
日本株式	5.0％/年	24.5％	16％
	3.7％/年	8.3％	100％

■(参考)過去の市場に当てはめてみると（1995年1月〜2017年9月末）

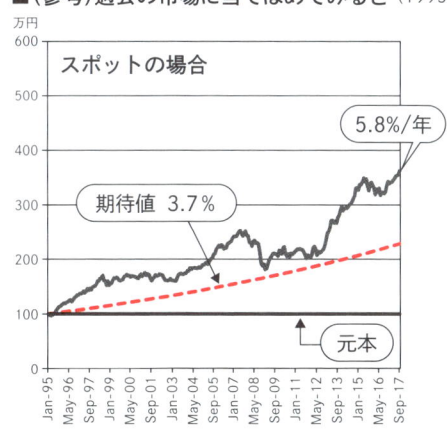

万円
スポットの場合
5.8%/年
期待値 3.7%
元本

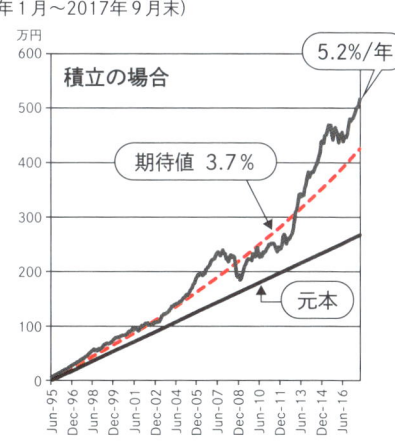

万円
積立の場合
5.2%/年
期待値 3.7%
元本

（1）図とグラフの説明

　まず上段左の円グラフは企業年金連合会の資産構成と、その構成で長期的にどれぐらいのリターンを期待しているかを図示しています。そして上段右は企業年金連合会が想定している長期の期待リターンとリスクです。

　企業年金連合会の資産構成は債券を60％（日本債券が40％、外国債券が20％）、株式を40％（外国株式が24％、日本株式が16％）で、このポートフォリオから長期的に3.7％程の期待リターンを想定していることになります。

　自分の資産構成を検討する際は、まず株と債券をどういう割合にしようか、次に日本と外国をどのように配分しようかと考えると、頭の整理がしやすいと思います。本章のいろいろな配分サンプルも、そんな視点で眺めてください。

　下段左のグラフは企業年金連合会のポートフォリオに、実際の内外の株と債券の市場の推移データ（インデックスとか指数と言われています）を当てはめてみたとき、1995年から現在まで、どのような価格推移になっていたかを示しています。あわせて、企業年金連合会が想定する利回りで推移していたら、どのような曲線になるかを点線で示しました。

　下段右は1995年1月から積立投資をした場合の推移を示しています。リーマンショックで市場が大きく落ち込みましたが、低迷中にたくさん口数を買い込めて来たことで、その後の市場が回復する中で資産が急激に大きくなっている様子がわかります。

　下段の各グラフには直近の利回りを書き込んでありますが、市場は絶えず上がり下がりしますから、この数字にとらわれないでください。特に2016年秋以降は内外の株式市場が急騰していて全体的にかなり高い利回りになっています。

　「そうは言っても今どれぐらいの利回りになっているのだろう」という

ことは気になるでしょうから、あくまで参考として記しただけです。そんなことよりも、期待値と実際の値動きはどんな推移だったのだろうか、そしてスポットと積立では動き方にどんな違いがあったのだろうかという辺りに着目して、グラフはサラッと眺める程度に留めてもらいたいと思います。

（2）推移グラフの起点を1995年にした理由

　機関投資家の資産構成は運用の安定を図るために日本債券の比率が高くなります。皆さんが自分のポートフォリオを検討する際も、日本債券を多めに選ぶ人が多いように見受けます。

　データを取り始める起点をバブル前にすると、このころの日本債券は異常に高い利回りが付く価格で発行されており、いわば踏み台の上からスタートしたような高い価格の推移グラフになってしまいます。2000年以降を起点にすると、ITバブルの崩壊、そのあと急回復したら今度はサブプライム問題からリーマンショックによる大暴落、そしてまた急回復と、これまた異常な激動の時代をそのまま反映してしまうため、その中間的な時期として1995年を起点にしてみました。

　しかし、こうしたグラフは起点をどこにとるかで全く違ったカーブになってしまい、間違った先入観を植え付ける元になりかねません。そうかといって紙面の制約上、いくつものグラフを併記するわけにもいかないため、あくまである時期を起点にした一参考例と思ってください。

■ 実例②「中小企業退職金制度（中退共）のポートフォリオ」

　図表6-3は中小企業で断トツに普及してきた（36万社330万人が加入）中退共のポートフォリオです。内外の債券が85％、株式が15％の組み合わせになっています。

　「この資産構成だったら長期的にどれぐらいのリターンが期待できるの

か」を想定するために、企業年金連合会が内外の株式や債券に期待している利回り（97頁）を、この資産構成に当てはめてみると、長期で2.3%/年を期待する計算になります。

以降は「企業年金連合会ならば○○％」という表現を使います。

参考までに、中退共が予定している利回りは１％。ただし、加入後１年以内に退職したら全くの掛捨て、２年までは半分以上が掛捨て、約束されている１％に到達するのに８年かかり、以降は何十年先まで１％が約束されています。３年半を経過すると運用が良ければ、その時の配分ルールに沿って加入者と中退共で超過分を分け合うことになっています。将来、運用が低迷すれば利回りも下げられます。

図表6-3 ②**ポートフォリオの実例**（中小企業退職金制度の例）

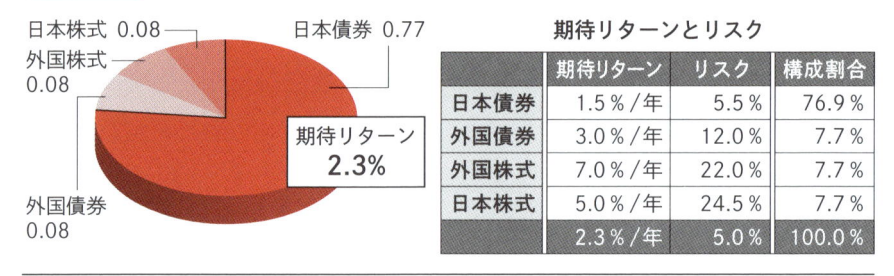

期待リターンとリスク

	期待リターン	リスク	構成割合
日本債券	1.5％/年	5.5％	76.9％
外国債券	3.0％/年	12.0％	7.7％
外国株式	7.0％/年	22.0％	7.7％
日本株式	5.0％/年	24.5％	7.7％
	2.3％/年	5.0％	100.0％

■**(参考)過去の市場に当てはめてみると**（1995年1月〜2017年9月末）

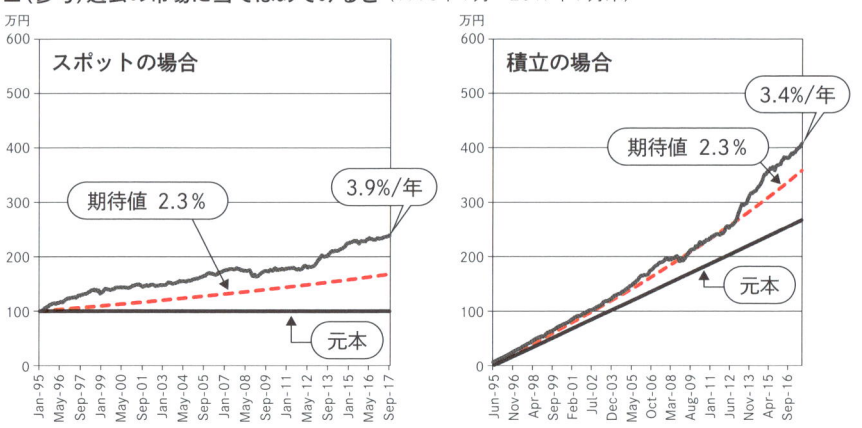

運用を社外の大きな組織にお願いする以上は、どうしてもこれぐらいのコストが差し引かれてしまうということです。

　このように、中退共は特に短期の効率は良くありませんが、古くからの知名度があり、企業にとっては掛金が経費で落ちますし、加入する制約条件が緩く手続きも簡単なため、少人数企業の退職金制度として多くの企業が加入しています。

■ 実例③「以前の国の年金のポートフォリオ」

　図表6-4は2014年秋までの国の年金運用の資産構成です。当時は日本債券が60％近くを占めていました。短期の金融資産を5％程度持って

図表6-4　③ポートフォリオの実例（2014年秋までの国の年金運用例）

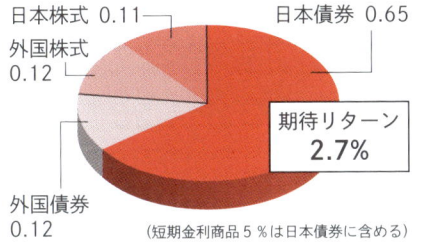

期待リターンとリスク

	期待リターン	リスク	構成割合
日本債券	1.5％/年	5.5％	65％
外国債券	3.0％/年	12.0％	12％
外国株式	7.0％/年	22.0％	12％
日本株式	5.0％/年	24.5％	11％
	2.7％/年	5.6％	100％

日本株式 0.11　　日本債券 0.65
外国株式 0.12
外国債券 0.12
期待リターン 2.7％
（短期金利商品5％は日本債券に含める）

■(参考)過去の市場に当てはめてみると（1995年1月〜2017年9月末）

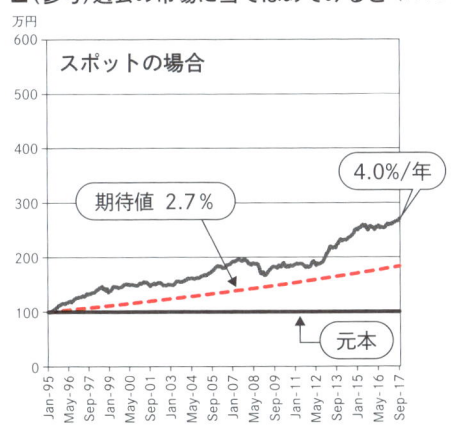

スポットの場合

期待値 2.7％
4.0％/年
元本

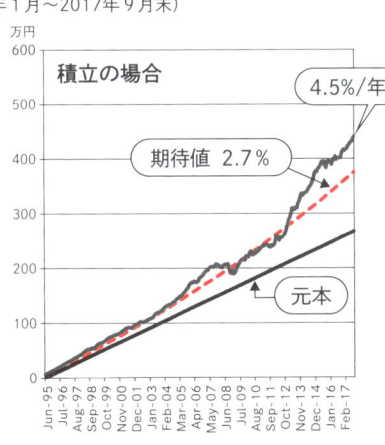

積立の場合

期待値 2.7％
4.5％/年
元本

いましたが便宜上、この分は日本債券に含めて図示しています。

更にその前の2010年までは日本債券が65％ほどを占め、企業年金連合会なら長期で2.5％台を想定する資産構成でしたが、2009年に行われた年金の財政検証で、厚生労働省は30年後は厚生年金が２割減ると発表。その期待リターンを4.1％で計算していたため、計算根拠が甘すぎると新聞各紙は一斉に批判記事を掲載しました。

そして、現在は企業年金連合会なら４％程度を期待するポートフォリオに組み替えられました。それが次の実例④です。

図表6-5 ④**ポートフォリオの実例**（現在の国の年金運用例）

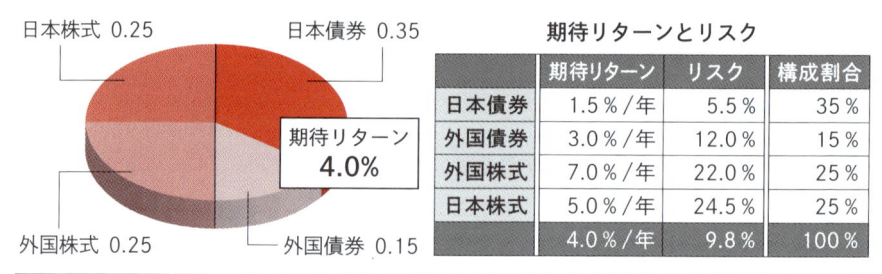

期待リターンとリスク

	期待リターン	リスク	構成割合
日本債券	1.5％／年	5.5％	35％
外国債券	3.0％／年	12.0％	15％
外国株式	7.0％／年	22.0％	25％
日本株式	5.0％／年	24.5％	25％
	4.0％／年	9.8％	100％

日本株式 0.25　日本債券 0.35　期待リターン 4.0%　外国株式 0.25　外国債券 0.15

■**(参考)過去の市場に当てはめてみると**（1995年１月〜2017年９月末）

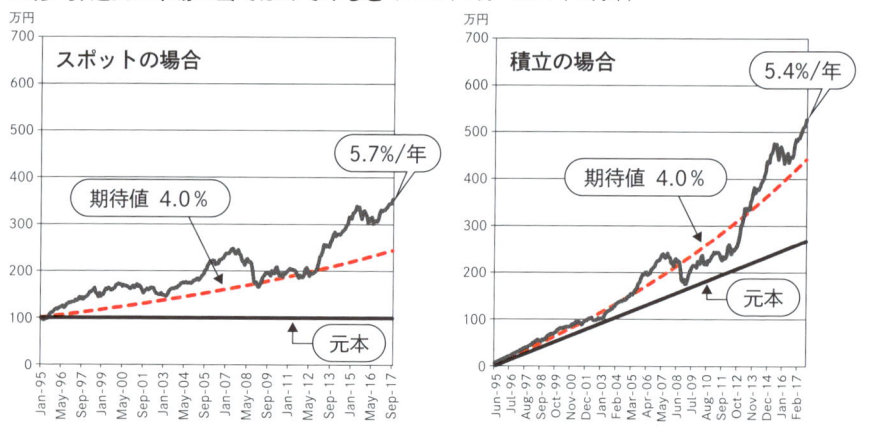

スポットの場合　5.7%／年　期待値 4.0％　元本

積立の場合　5.4%／年　期待値 4.0％　元本

■ 実例④「現在の国の年金のポートフォリオ」

　図表6-5は現在の資産構成です。株と債券が半々で企業年金連合会なら4％を期待する組み合わせになっています。グラフはバブル崩壊後の低い価格の時代を起点にしているため、そこそこ思い通りの運用が出来ていたような印象を受けますが、2000年頃を起点にすると特にサブプライム問題からリーマンショックを経たあとの安倍政権がスタートするまでの5年間位は、円高と低迷し続けた日本株式に足を引っ張られて悲惨な動きになっていました。

　年金はそもそも長期で運用するものですが、メディアは目先で価格が下落すると「この半年で国の年金が実に10兆円も消えてしまった」等で大騒ぎになります。

　株の割合が大幅に増えたことで、価格が落ち込むたびに記事ネタにされそうです。こうした機関投資家の運用は入ってくるお金だけでなく出ていくお金も多いため、皆さんのように積立投資のメリットを活かせません。果たして、株を半分まで増やしたことが長期的に明暗、どちらに出るか悩ましいところです。

■ 実例⑤「国民年金基金のポートフォリオ」

　図表6-6は国民年金基金の資産構成です。自営業者の公的年金は国民年金だけで、サラリーマンのように厚生年金に相当する部分がありません。そのため任意で加入できる国民年金基金が用意されています。現在の約束されている利回りは1.5％。資産構成は内外の株と債券がほぼ4分の1ずつ。国の年金運用に近い構成で企業年金連合会なら長期で4.25％程度を期待する配分となっています。

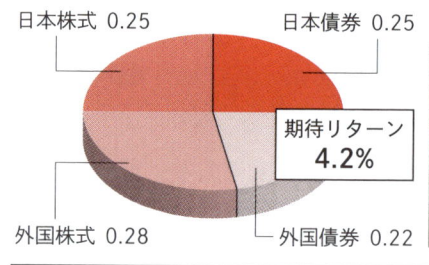

期待リターンとリスク

	期待リターン	リスク	構成割合
日本債券	1.5 % / 年	5.5 %	25 %
外国債券	3.0 % / 年	12.0 %	22 %
外国株式	7.0 % / 年	22.0 %	28 %
日本株式	5.0 % / 年	24.5 %	25 %
	4.2 % / 年	10.5 %	100 %

■**(参考)過去の市場に当てはめてみると**（1995年1月〜2017年9月末）

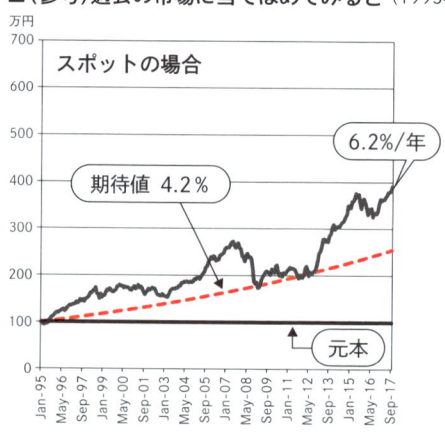

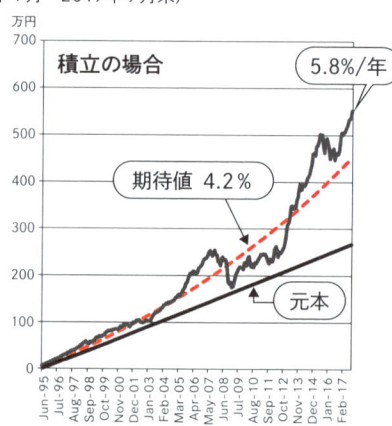

**機関投資家のポートフォリオの決め方と
私たちの選択肢**

　図表6-1から図表6-6まで機関投資家の事例を取り上げてきましたが、こうしたプロの世界では効率的な運用を求めて理論的に資産配分を決めています。

　大ざっぱにいうと、例えば、「自分たちの運用は極力リスクを抑えて保守的に考えたい」とか「リスクをとっても、そこそこ積極的に考えたい」等の運用姿勢のもとで、それぞれの範疇で極力低いリスクで最大のリターンを求めるような資産配分をシミュレーションし、出てきた結果に自分たちの考えを反映させて、ポートフォリオを決めています。

　本章でモデルとしている企業年金連合会のリスクとリターンを使って簡易的にシミュレーションしてみると、「リスクをやや保守的に考えたい」場合は、例えば下図①のような資産構成が導き出されます。

　それに対して、下図②のように企業年金連合会のモデルに近い資産構成をシミュレーションして模索してみると「年金運用としては、ある程度、積極的な運用を目指している」という結果になります。

① 保守的な運用例

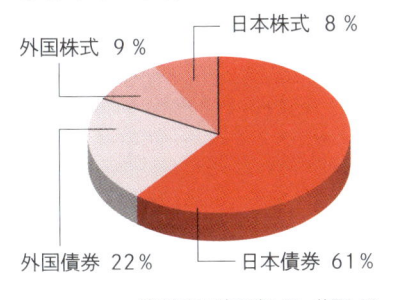

外国株式　9 %
日本株式　8 %
外国債券　22 %
日本債券　61 %

(参考)リスク拒否度0.05　効用1.26

② 積極的な運用例

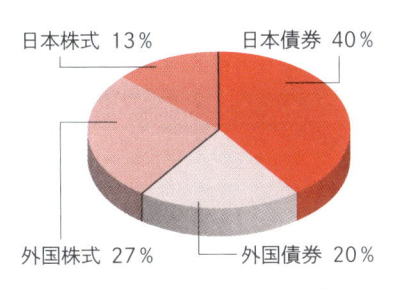

日本株式　13%
日本債券　40 %
外国株式　27 %
外国債券　20 %

(参考)リスク拒否度0.017　効用2.32

第6章

ただし、こうした意思決定手段は個人レベルでは使いにくい欠点があります。期待リターンやリスクを少し変えただけで、求められた資産配分が全く別物に変わってしまうからです。

　こうした事情も踏まえ、**図表6-7**以降のサンプルでは効率的な資産配分という考え方を度外視して、いろいろな資産構成の事例を並べてみます。

　「理論性に欠けた粗雑な発想」と批判を受けるかもしれません。しかし、「投資なんて考えたこともない、考えたくもない」と思っていた初心者が、限られた時間のなかで、将来に備える必要性を自覚し、とりあえず「自分だったらこういう組み合わせで考えたい」という意識の変化を引き出すには、経験上、これぐらい単純でわかりやすいサンプルを並べる方が効果的と思うからです。年金が激しく目減りしていく時代に向けて、普通だったら大半の人が「何を考えたらいいのかサッパリわからない」と元本確保商品で放ったらかしにしてしまうのが現実です。運用を身近に感じ、堅実に一歩運用を始めだすことが肝心という視点で話を進めます。

3 Aさん、Bさん、Cさん…各人が選んだポートフォリオのサンプル

■ Aさんの選択例「株は嫌だ。内外の債券を半々がいい」

　以下はいろいろな人が、「自分はどのように配分したいか」を思い思いに発言した事例をサンプルとして列記します。皆さんだったらどんな選択をするか、一緒に眺めてみましょう。

　図表6-7はAさんの選択例です。

図表6-7 ⑥**Aさんの選択例**（株は嫌だ、内外の債券を半々がいい！）

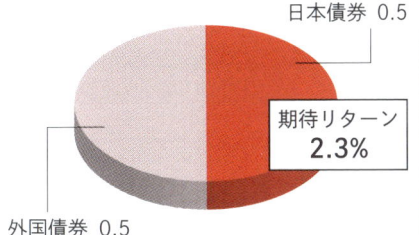

期待リターンとリスク

	期待リターン	リスク	構成割合
日本債券	1.5％/年	5.5％	50％
外国債券	3.0％/年	12.0％	50％
外国株式	7.0％/年	22.0％	0％
日本株式	5.0％/年	24.5％	0％
	2.3％/年	6.2％	100％

■**(参考)過去の市場に当てはめてみると**（1995年1月〜2017年9月末）

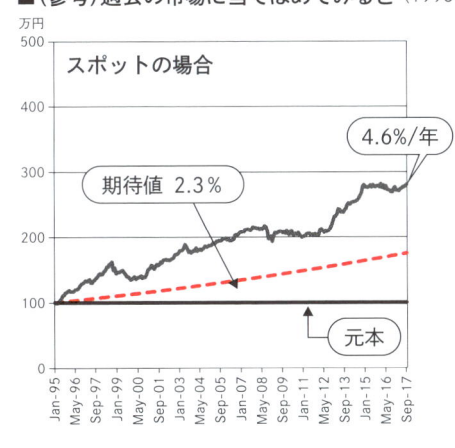

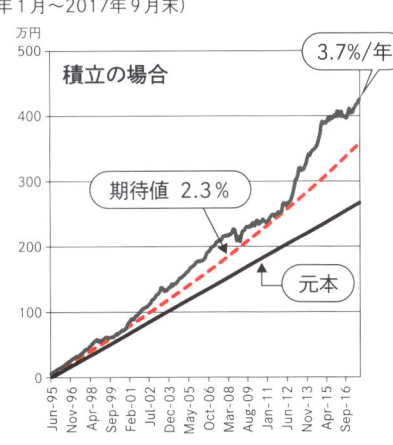

Aさんは「株は変動が激しいから嫌だ。背伸びしないでごく安定的に資産を育てたい。預金替わりに日本債券で十分だと思うけれど、一つの分野だけに集中するのは不安だ。性格の異なる外国債券と半々で運用したい」との意向です。企業年金連合会なら10年から20年の長期で2.3％を目指す組み合わせとなります。

■ Bさんの選択例「内外の債券で運用するが、日本の方を多くしたい」

図表6-8は前項のAさんの話を聞いていたBさんの意向です。「自分は50代後半で、リスクは取りたくない。初めての投資だし不安もある。でも年金を受け取りだすのは65歳で、そこからまだ運用しながら10年、20年

図表6-8　⑦Bさんの選択例（債券だけ！ 日本2/3、外国1/3）

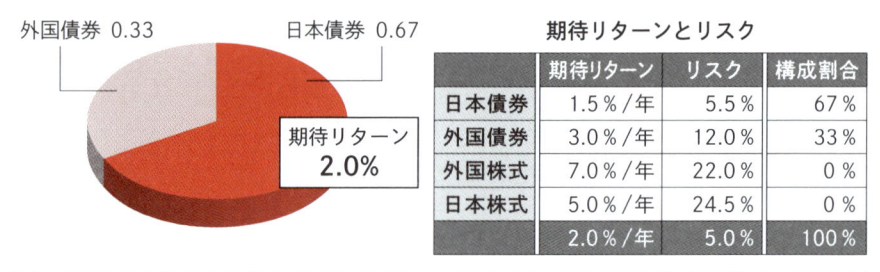

外国債券 0.33　　　日本債券 0.67

期待リターンとリスク

	期待リターン	リスク	構成割合
日本債券	1.5％／年	5.5％	67％
外国債券	3.0％／年	12.0％	33％
外国株式	7.0％／年	22.0％	0％
日本株式	5.0％／年	24.5％	0％
	2.0％／年	5.0％	100％

■ (参考)過去の市場に当てはめてみると（1995年1月〜2017年9月末）

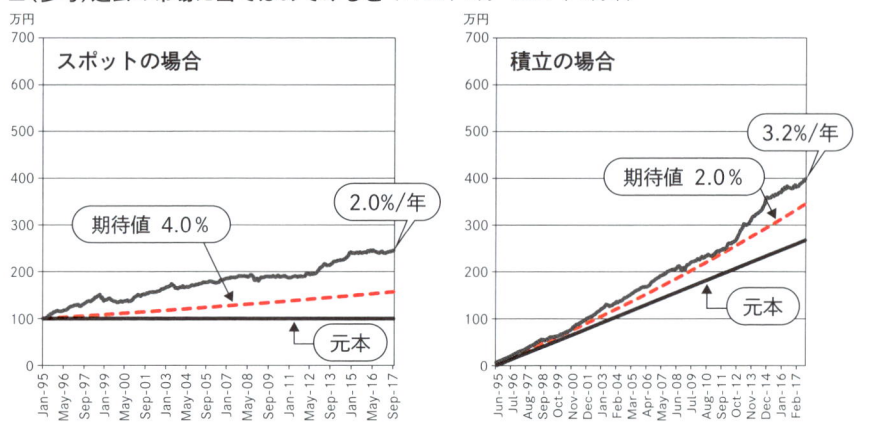

と残高を取り崩して年金の補てんをしていくのだから、考えてみたら相当な長期運用だ。今まで預金しか頭になかったが、それではあまりにももったいない気がする。銀行預金だって大半を債券で運用していると聞いている。とりあえず、預金の延長程度のつもりで日本債券を中心に外国債券を多少加えた程度で、毎月コツコツ積み立てていきたい」。Bさんは日本債券を3分の2、外国債券を3分の1の組み合わせで、企業年金連合会なら2%を目指す運用で堅実に将来に備えることにしました。

■ Cさんの選択例「Aさんと同じだけれど、ちょっとだけ株も入れてみたい」

図表6-9のように、Cさんは全体の15%ほど、内外の株の投資信託を

図表6-9 ⑧**Cさんの選択例**（債券半々に少しだけ株を入れて！）

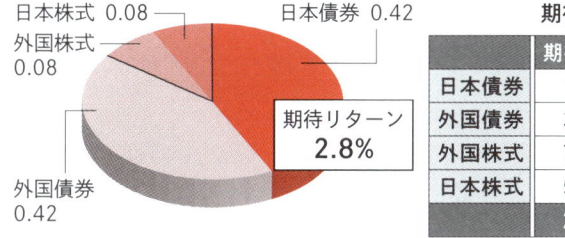

日本株式 0.08
外国株式 0.08
外国債券 0.42
日本債券 0.42
期待リターン **2.8%**

期待リターンとリスク

	期待リターン	リスク	構成割合
日本債券	1.5%／年	5.5%	42.5%
外国債券	3.0%／年	12.0%	42.5%
外国株式	7.0%／年	22.0%	7.5%
日本株式	5.0%／年	24.5%	7.5%
	2.8%／年	6.2%	100%

■ **(参考)過去の市場に当てはめてみると**（1995年1月〜2017年9月末）

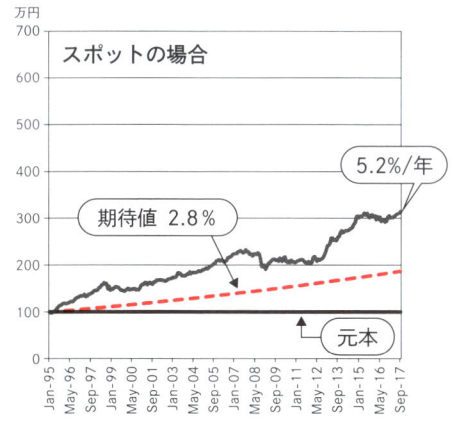

スポットの場合
期待値 2.8%
5.2%/年
元本

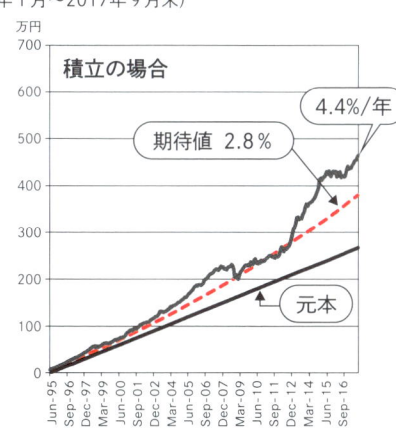

積立の場合
期待値 2.8%
4.4%/年
元本

入れてみました。「債券だけではさびしいので少しは・・」というさりげない意向でしたが、実は運用上、非常に大切な意味を持っているため、ここでちょっと筆者の参考意見を挟ませてもらいました。

　上段右の表のリスクと期待リターンをＡさんのケースと比較して見てください。Ｃさんは内外の株を半々ずつ15％加えた結果、Ａさんと同じリスク（6.2％）なのにＣさんの期待リターンは2.8％（Ａさんは2.3％）に跳ね上がっています。

　株を多少加えたことで、債券だけを持つよりも期待リターンが大きくなるだけでなく、性格の違うものが混ざったことで、お互いのバラツキが相殺される結果、リスクが抑えられるのです。大体15％前後までの間はこういう傾向になります。

　ＡさんとＣさんのそれぞれの下段のグラフで資産残高を比べてみると、こうした効果が見て取れます。

　ただし、株ですから市場環境によっては大きく変動し、短期ではかえって価格を下落させる要因にもなりかねませんが、そういう場合でも積立はコツコツ口数を稼いであとに役立ててくれるので気が楽ですね。

　図表6-3の中小企業退職金共済制度の資産構成で、内外の株が８％弱ずつ入っている意味がおわかりいただけたと思います。

■ Ｄさんの選択例「リスクの小さいものを多くして、あとは順番に」

　図表6-10はＤさんのポートフォリオです。日本債券を４割、外国債券３割、外国株式２割、日本株式１割とリスクの低い方を多く、高い方を少なく配分しました。債券が７割、株が３割の構成で、3.4％の期待リターンを想定しています。

　結構、こんな選択をする人も多いように見受けます。

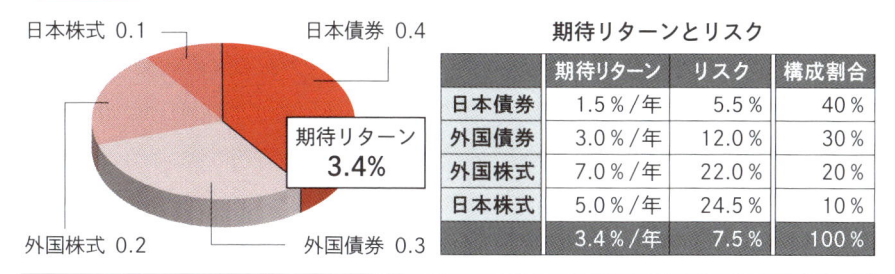

図表6-10 ⑨Dさんの選択例（リスクの小さいものから順番に）

日本株式 0.1　　日本債券 0.4

期待リターン **3.4%**

外国株式 0.2　　外国債券 0.3

期待リターンとリスク

	期待リターン	リスク	構成割合
日本債券	1.5％/年	5.5％	40％
外国債券	3.0％/年	12.0％	30％
外国株式	7.0％/年	22.0％	20％
日本株式	5.0％/年	24.5％	10％
	3.4％/年	7.5％	100％

■**(参考)過去の市場に当てはめてみると**（1995年1月〜2017年9月末）

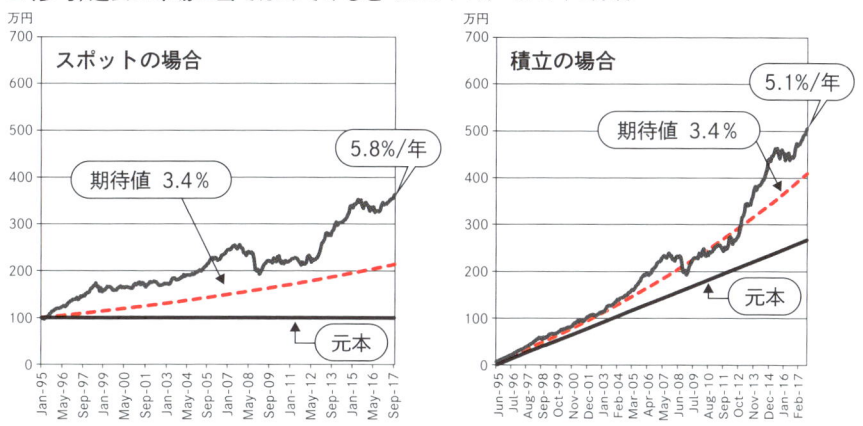

スポットの場合　期待値 3.4%　5.8%/年　元本

積立の場合　期待値 3.4%　5.1%/年　元本

■ Eさんの選択例「外国の株と債券半々で」

　図表6-11はEさんが選んだポートフォリオです。Eさんは「特に日本にはこだわらない。先進国を中心に世界全体で捉えたい。日本債券は安定的だけれどリスクをとっても、もう少しリターンを求めたい。株も長期的に日本株式よりも高いリターンを期待して外国株式を選んだ。そして年齢が高くなったら配分を考え直す」ということで、企業年金連合会なら長期で5％を目指す配分にしています。

　このようなポートフォリオの実例を一つ挙げてみます。日本で金融機関の系列に属さない独立系の投信会社として大きな資金を集めて運用してい

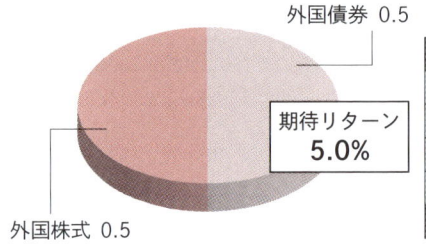

図表6-11 ⑩Eさんの選択例（外国の株と債券を半々に！）

外国債券 0.5

期待リターン
5.0%

外国株式 0.5

期待リターンとリスク

	期待リターン	リスク	構成割合
日本債券	1.5％/年	5.5％	0％
外国債券	3.0％/年	12.0％	50％
外国株式	7.0％/年	22.0％	50％
日本株式	5.0％/年	24.5％	0％
	5.0％/年	15.0％	100％

■(参考)過去の市場に当てはめてみると（1995年1月～2017年9月末）

万円
スポットの場合

期待値 5.0%

8.6%/年

元本

万円
積立の場合

7.2%/年

期待値 5.0%

元本

るのが、さわかみ投信の「さわかみファンド」（日本株で運用、資産残高3000億円）やセゾン投信の「セゾン・バンガード・グローバルバランスファンド」（1,500億円）で、それぞれ1万円、5,000円から毎月積み立てられますが、このセゾンのファンドはほんの少しだけ日本の株や債券も入っていますが、ほぼEさんと同じ構成です。

■ Fさんの選択例「Eさんと同じ考えだが、日本の株・債券も多少は含めたい」

図表6-12のようにFさんは、Eさんの考えをベースにしながら、「やはり、多少は日本も組み入れておきたい」ということで日本の株と債券をそれぞれ15％ずつ組み入れました。企業年金連合会なら長期で4.5％のリ

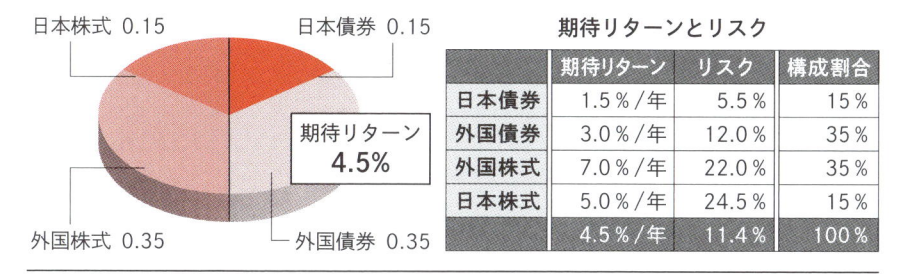

図表6-12 ⑪Fさんの選択例（外国中心だけど、日本の株・債券も若干は含めて！）

日本株式 0.15　　日本債券 0.15

期待リターン
4.5%

外国株式 0.35　　外国債券 0.35

期待リターンとリスク

	期待リターン	リスク	構成割合
日本債券	1.5％/年	5.5％	15％
外国債券	3.0％/年	12.0％	35％
外国株式	7.0％/年	22.0％	35％
日本株式	5.0％/年	24.5％	15％
	4.5％/年	11.4％	100％

■（参考）過去の市場に当てはめてみると（1995年1月〜2017年9月末）

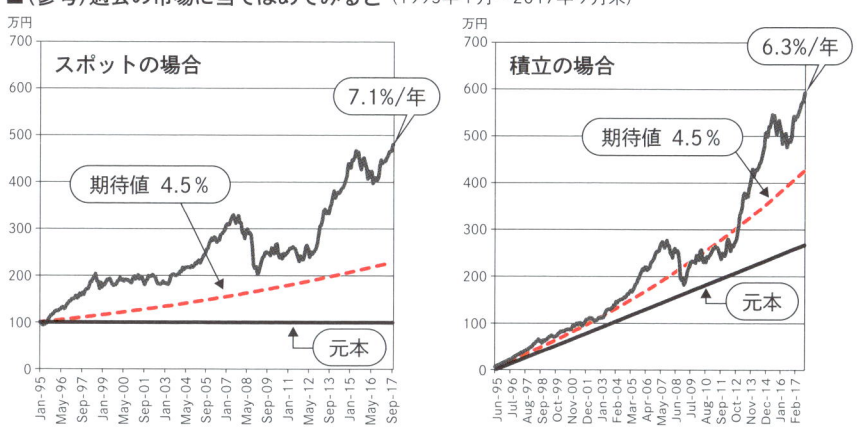

ターンを期待する構成です。

■ Gさんの選択例「長期だから株だけでいい」

　図表6-13はGさんの選択です。「**図表5-11**（90頁）の図のように、リスクの大きいものほど、当面の大きなブレを覚悟しなければならず、特に株の投資信託なら10年は元本割れも起こり得ることは理解できている。自分は積立でやるので元本割れが続くならウェルカムだが、逆のケースになったらつらいところだ。でも、年齢が若いのでいずれ反動で落ち込んで口数を稼いだうえで再上昇する機会は何度も持てるはずだ。だから今は株式だけでいい。内外の株を半々ずつにして運用する」。よく理解したうえ

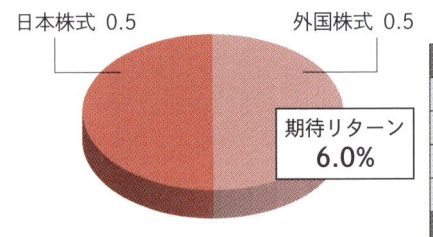

日本株式 0.5　外国株式 0.5

期待リターン
6.0%

期待リターンとリスク

	期待リターン	リスク	構成割合
日本債券	1.5％/年	5.5％	0％
外国債券	3.0％/年	12.0％	0％
外国株式	7.0％/年	22.0％	50％
日本株式	5.0％/年	24.5％	50％
	6.0％/年	18.7％	100％

■ **(参考)過去の市場に当てはめてみると**（1995年1月〜2017年9月末）

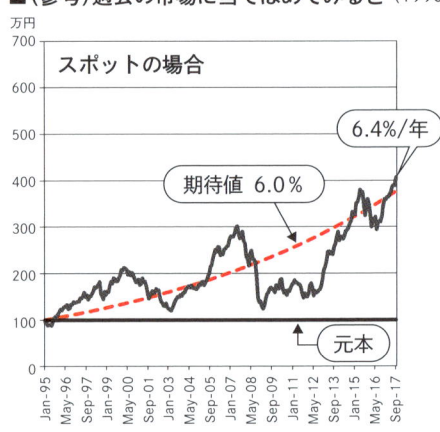

スポットの場合

6.4％/年

期待値 6.0％

元本

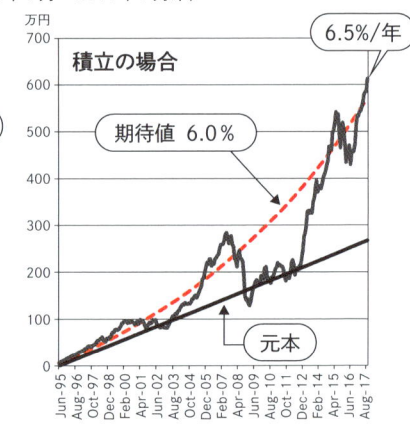

積立の場合

6.5％/年

期待値 6.0％

元本

で、こういう選択をする若い人を研修中に時々見かけます。

　ところで、リターンの計算方法については、次項（122頁以降）で触れますが話の内容は至って簡単です。Gさんの場合、外国株式が7％、日本株式は5％でそれぞれ半々なので、あわせれば6％ということは誰でも想像できます。

　ところがリスクの方はちょっと厄介です。外国株式が22.0％、日本株式が24.5％で両方が半々なのだから真ん中の23.25％かと言うとそうはなりません。上段右の表に記されているように18.7％とかなり小さくなっています。お互いに動きが違うので、多少なりとも山谷を相殺しあいますから、双方を組み合わせることでリスクが小さくなってしまうのです。実は、

これが"分散させる"ことの意味なのです。

■ Ｈさんの選択例「株だけでいいが外国の方を多くしたい」

図表6-14はＨさんの選択です。Ｈさんは「日本の株式は外国の投機的な投資家に占められているため、何かあるとサッと引き上げてしまい、リーマンショックのように値動きが激しく、しかも一度落ちると戻りにくいと聞いている。それなのでいろいろな国に分散されている外国の株式の割合を多くしたい」とのことで、外国株式を3分の2、日本の株式を3分の1に配分し、長期的に6.3％を目指すことにしました。結果的にはＧさんとはリスクがほぼ同じで、より高いリターンを求めることにしました。

図表6-14 ⑬Ｈさんの選択例（株だけでいい！外国の方を多く！）

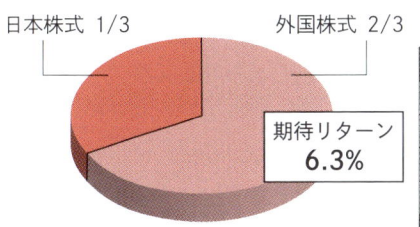

日本株式 1/3　　　外国株式 2/3

期待リターン 6.3%

期待リターンとリスク

	期待リターン	リスク	構成割合
日本債券	1.5％/年	5.5％	0％
外国債券	3.0％/年	12.0％	0％
外国株式	7.0％/年	22.0％	66％
日本株式	5.0％/年	24.5％	33％
	6.3％/年	18.5％	99％

■（参考）過去の市場に当てはめてみると（1995年1月〜2017年9月末）

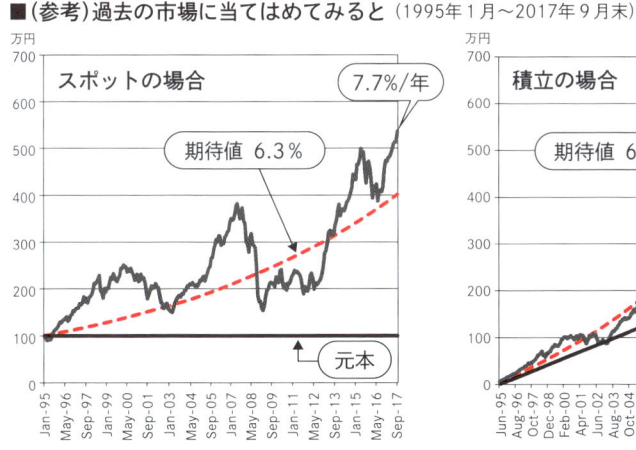

スポットの場合　7.7%/年　期待値 6.3%　元本

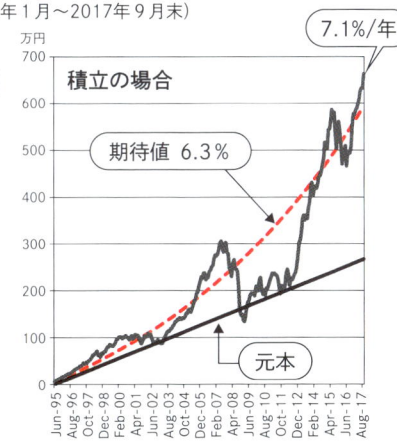

積立の場合　7.1%/年　期待値 6.3%　元本

■ Ⅰさんの選択例「配分なんて面倒だ。バランス型ファンドを買う」

図表6-15はバランス型ファンドと言われ、株や債券を1セットにしている商品です。安定型と言って債券が70％とか75％で残りを株式にしているもの、株と債券を半々にした標準型と呼ばれるもの、積極型と言って株を70％や75％にしているもの等が用意されており、確定拠出年金の提供商品には必ずこうしたものが含まれています。

自分でポートフォリオを組んで運用すると、いずれ配分割合が崩れてきますので自分で配分を整え直す必要があります（リバランスとかスイッチングと呼ばれてます）。それが面倒な人はバランス型ファンドを買えば、運

図表6-15 ⑭ **Ⅰさんの選択例**（リバランスなんて、面倒くさい！
　　　　　　　　　　　　　 割高になっても放ったらかしがいい！）

◆**あるバランス型ファンド例**（割高で自由度にも欠けるが、手間が掛からない）

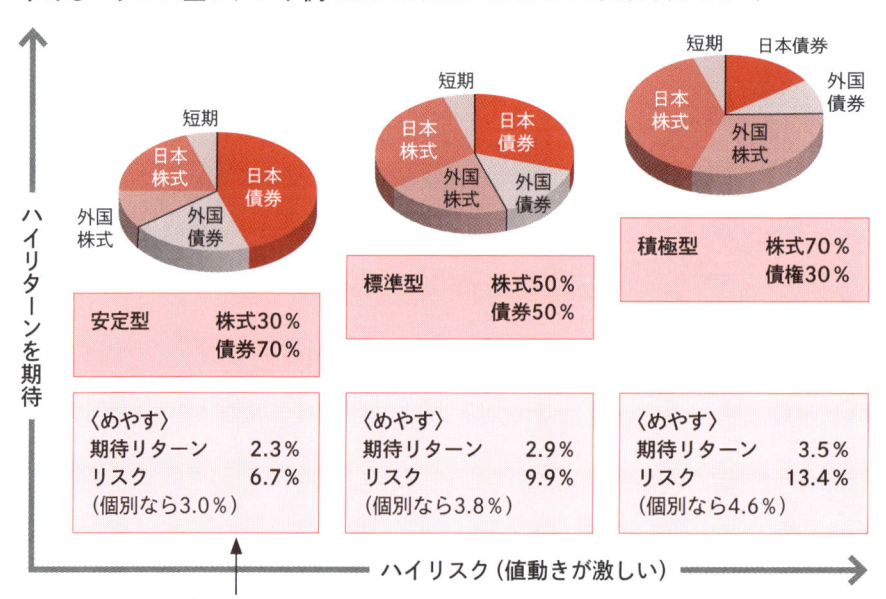

用会社側で毎月リバランスしてくれるので、何もしなくて済み、ものぐさな人には最適です。

　Iさんは「リバランスなんて面倒くさいことは考えたくない。自分はまだ20代なので当分は積極型で放ったらかすつもり。40代になったら標準型、50代になったら安定型に切り替えようかな程度のことは考えるけれど、あとは何もやりたくない。だいたい投資なんかに神経を使いたくない」。こんな人には便利です。

　ただし、欠点もあります。構成しているファンドを精査して入れ替えたり、リバランスをしたりとファンド側で人手をかけますので、当然割高になります。

　運用コストが0.5％、1％違えば、特にスポットで投資している人にとっては長期には相当な違いとなってきます（71頁、**図表5-1**の複利運用のグラフ参照）。

　また、購入者が資産の構成割合を変えたいと思っても、予め決められた割合のものしか選べません。

　バランス型ファンドについては、第8章（172頁）で別の角度から改めて補足します。特に積立の場合は、「運用コストが割高になるので不利」という世間の常識をくつがえすようなおもしろい結果をお伝えします。

　以上で、ポートフォリオの事例を終わらせますが、何度かパラパラめくりながら自分だったら、どういう資産構成にするか、ここでイメージを固めてください。

4 あなたのポートフォリオの 期待リターンは何%?

■ Yさんの期待リターンを一緒に計算してみましょう

　図表6-16の円グラフに示すようにYさんの資産配分は、債券を55％（日本35％、外国が20％）、そして株式が20％（外国10％、日本10％）、その他に預金が25％とします。Yさんのポートフォリオは企業年金連合会の想定する期待リターンなら長期でどれくらいの利回りとなるか計算してみましょう。

　まずは**図表6-17**のように、計算シートの期待リターン欄に企業年金連合会の期待リターンをそっくりそのまま書き移してください。

　それから、定期預金の金利をいくらぐらいにするかを決めてください（ここではとりあえず0.1％としてみます）。

　次の欄にYさんのポートフォリオの各資産の比率を書き写してみましょう。合計が1になっていますね。そうしたら期待リターンと資産比率の掛け算をしてください。そして、最後に計算結果を縦に足し算して合計欄に結果を入れてください。期待リターンが2.35％になっていましたか。極めて単純な計算ですね。

　それでは、この章で実際にあなたが選んだポートフォリオで、期待リターンがいくらぐらいになるのかを計算してみてください。

　この記録はあとで使いますので結果を残しておいてくださいね。

図表6-16 （練習）Ｙさんの期待リターンを計算してみましょう

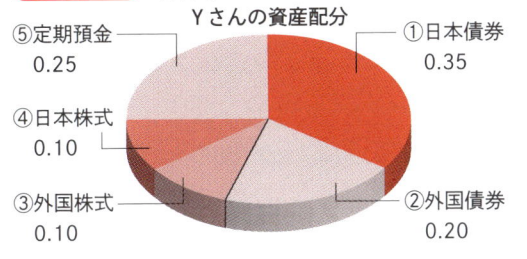

Ｙさんの資産配分

⑤定期預金 0.25
④日本株式 0.10
③外国株式 0.10
①日本債券 0.35
②外国債券 0.20

企業年金連合会の長期（10年〜20年）
での期待リターン

	期待リターン
日本債券	1.5％/年
外国債券	3.0％/年
外国株式	7.0％/年
日本株式	5.0％/年

企業年金連合会なら、どのくらいを期待？

①日本債券 （ ）％/年×（ ）＝（ ）％/年
②外国債券 （ ）％/年×（ ）＝（ ）％/年
③外国株式 （ ）％/年×（ ）＝（ ）％/年
④日本株式 （ ）％/年×（ ）＝（ ）％/年
⑤定期預金 （ ）％/年×（ ）＝（ ）％/年
合　計 （ ①〜⑤ ） （ 1.00 ） （ ）％/年

図表6-17 （解答）Ｙさんの期待リターン

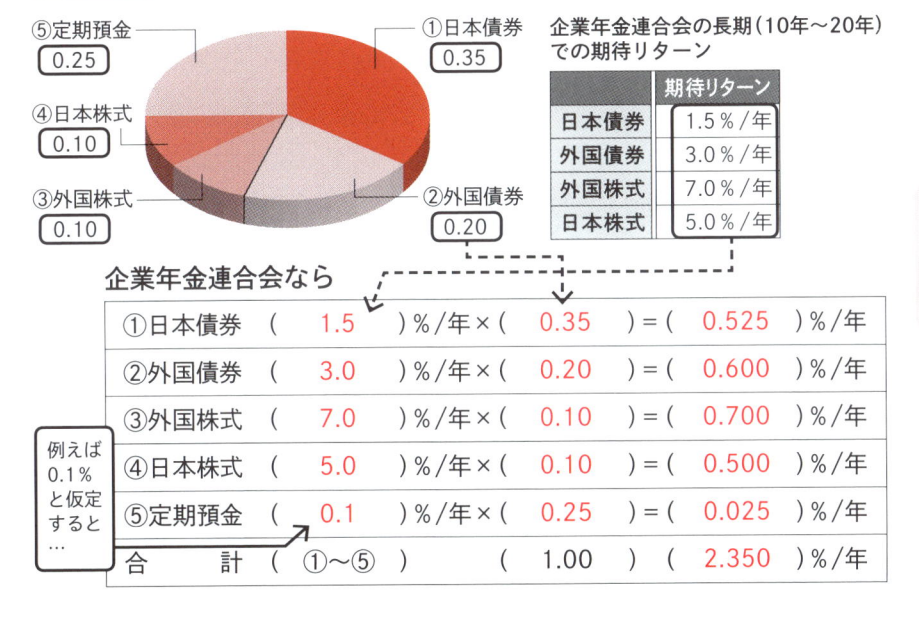

⑤定期預金 [0.25]
④日本株式 [0.10]
③外国株式 [0.10]
①日本債券 [0.35]
②外国債券 [0.20]

企業年金連合会の長期（10年〜20年）
での期待リターン

	期待リターン
日本債券	1.5％/年
外国債券	3.0％/年
外国株式	7.0％/年
日本株式	5.0％/年

企業年金連合会なら

例えば0.1％と仮定すると…

①日本債券 （ 1.5 ）％/年×（ 0.35 ）＝（ 0.525 ）％/年
②外国債券 （ 3.0 ）％/年×（ 0.20 ）＝（ 0.600 ）％/年
③外国株式 （ 7.0 ）％/年×（ 0.10 ）＝（ 0.700 ）％/年
④日本株式 （ 5.0 ）％/年×（ 0.10 ）＝（ 0.500 ）％/年
⑤定期預金 （ 0.1 ）％/年×（ 0.25 ）＝（ 0.025 ）％/年
合　計 （ ①〜⑤ ） （ 1.00 ） （ 2.350 ）％/年

第6章

123

第7章
実践編・これだけは知っておきたい!

前章で資産の配分が決まりました。
いよいよ運用を始め出す段階です。
「では、どうやってメンテナンスしていったらいいのだろうか？」「具体的な商品選びは？」。
そのために、市場データをいろいろな角度で分析し整理してみると、「なんだ、そんなことなら誰でもできるじゃないか」と意外なほど単純な結論になってしまいます。
では、皆さんと一点一点確認しあっていきましょう。

1 相場を読まない、いじくり回さない

■ 資産構成が崩れだしたとき、あなたならどうやって戻しますか?

　運用を始め出すと、それぞれの商品がバラバラに上がったり下がったりしますので、最初に考えていた配分の比率から段々とずれてしまいます。自分の比率を維持しようと思ったら過剰になった部分を売って不足している部分を買い足して調整し直す、いわゆるリバランスをする必要があります。

　図表7-1の動物のイラストのように、あなたが外国債券、日本株式、外国株式をそれぞれ3分の1ずつの割合で運用することにしたとしましょう。そのまま放っておいて、ある時、運用状況を確認したら図のように、それぞれの残高がバラバラになってしまい、あなたが想定した3分の1ずつの配分からはほど遠い構成になってしまいました。そのとき、あなたならどう対応しますか。

　大きくなったものも放って置いたらもっと上がるかもしれない反面、いずれドーンと下がるかもしれません。

　さて、このとき、どのような考え方でリバランスするかが大事なのです。あなたなら次のどちらを選びますか。

① 「相場を読んで、もっと上がるかもう潮時かを判断しできるだけ高いところで売り抜く。そうしながらこの眼力を磨いていく」

② 「相場なんて読めないから、時期を決めておいて定期的に、高いものを売って安いものを買ってバランスを整える」

図表7-1 さて、運用をはじめ出したら

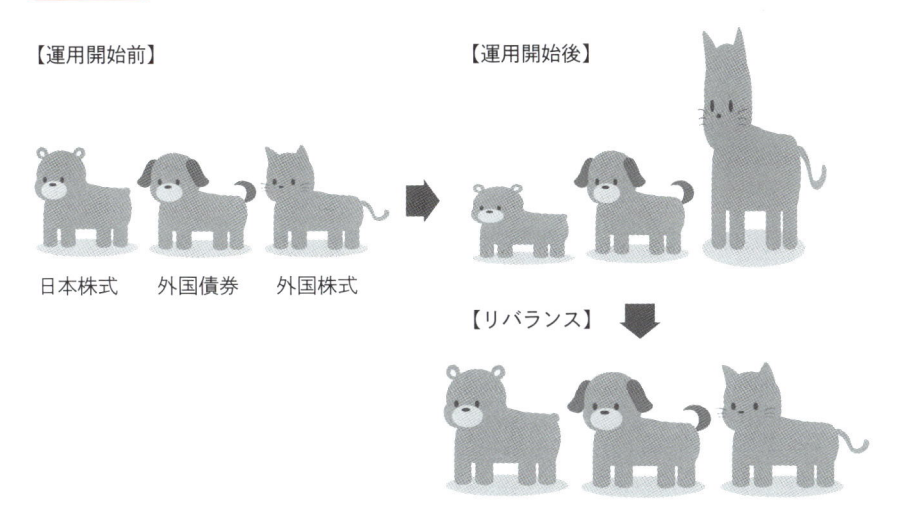

【運用開始前】　　　　　　　　　　　　【運用開始後】

日本株式　　外国債券　　外国株式

【リバランス】

（ある事例）
■1990年1月〜2009年12月までの米国市場

株式投資信託年率　8.2%
債券投資信託年率　7.0%

■でも平均的投資家が手にした利回りは？

株式投資信託年率　3.1%
債券投資信託年率　1.0%

（米Dalbar社調査資料
　一般社団法人投資教育推進機構 代表理事 上地明徳氏提供）

■ リバランスは相場を読まず機械的に！

　投資の現実や調査データの結果は、前項の①に否定的な答えを出しています。

　「ちょっと待ってください。この絵でいうと、もっと上がるかもしれない猫を減らして、何で、こんな熊を買うんですか」と思われがちです。

ここでちょっと、長期投資家の草分け的な存在である、さわかみファンド創設者の澤上篤人さんが言っていた言葉の主旨を引用させてもらいます。

　「そもそも、いまがピークか底かなんて誰にもわからない。でも相対的に安いと思える時期はある。たとえばバブルの崩壊後の重工業。人を整理し設備を売り払って身軽になったなかで、例えばバイオ部門等の新しい技術の可能性を含めて企業を精査し、安値で買って6年7年とじっと持ち続ける。やがて市場が回復しだし買い手がぽつぽつと現れ出したらそろそろやめることを考える。こうして堅く積み上げていくのが長期投資家の考え方だ」。

　澤上さんの主旨を筆者が勝手に咀嚼してリバランスに適用すると、「この先、もっと上がるか下がるかなんて誰にもわからない。要は相対的に高そうなところで売って、相対的に安そうなところを買い、手堅く積み上げていく。それが長期投資の考え方だ」。

　実は上記②のように時期を決めてそこで機械的にリバランスするということは、読めない相場にとらわれず、相対的に高い時に売って安いものを買うという澤上さんの言っていることを知らず知らずに実践してることになります。

■ いつがリバランスのタイミングか

　「例えば、毎年自分の誕生日とか、予め時期を決めておいてリバランスを実施する」という考えもあれば、「時期を決めておくのではなく、相対的にかなりバラついてきたなと思うときにリバランスをするべきだ」という考えもあると思います。

　ただ、「投資に神経なんか使わず、長期で堅実に資産を作っていこう」という大半の人を前提に考えると、「予め時期を決めておいて」程度で十分ではと思います。かなりバラついてきたかどうかを考えると、どうしても相場を読もうとすることになりがちです。

<h1 style="text-align:center">訂正とお詫び</h1>

小社発行『将来の年金不安を解消したいなら今すぐ iDeCo・つみたて NISA をはじめなさい』(2019 年 11 月 29 日初版第 1 刷発行)におきまして、下記の通り誤りがございます。誠に申し訳ございません。謹んで訂正させていただきますとともに、読者の皆様にご迷惑をおかけしましたことを深くお詫び申し上げます。

■63 頁　図表 4-1　「4 分散した時の推移」③2017 年 9 月末
（誤）スポット　4.6%
　　　積立　　　4.3%
（正）スポット　6.0%
　　　積立　　　5.6%

■87 頁　最下行
（誤）顧客は価格が上がる上がると
（正）顧客は価格が上がると

■137 頁　図 7-6 の年数　両方のグラフ共
（誤）2005 年月～2015 年 5 月
（正）2005 年月～2017 年 9 月

■139 頁　本文 2 行目
（誤）〇印がインデックスファンド
（正）〇印がインデックス

■160 頁　図表 8-4 下のグラフを下記に差し替える

%/年　　　リターンの推移(2008年7月～2017年9月)

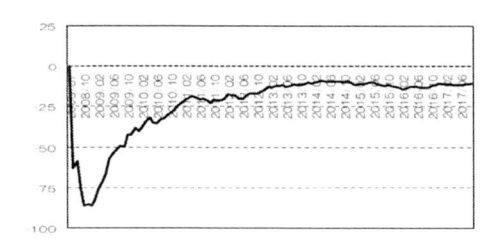

■178 頁　最終行
（誤）口数で割ればいいだけの話ですが、
（正）それで割ればいいだけの話ですが、

■188 頁　上から 11 行目
（誤）退職得控除
（正）退職所得控除

■ 「放っておいた人が勝ち！」という実際の調査結果

図表7-1の下の図は、知人から提供を受けた興味深い米国の調査会社の追跡調査の結果です。1990年1月からリーマンショックの翌年の2009年12月までの20年間の米国の株式市場は、リーマンショックの爪あとがまだ残っている時期ながら年率8.2％、債券市場は7.0％を示していました。

ところが調査結果では、実際の投資家たちが手にした利回りは、株式が3.1％、債券に至っては1.0％ということです。

一般的な投資家の心理を想像すると「日本も米国も投資家の心理って変わらないんだなぁ」と思えてきます。

高いところで乗り遅れまいと株を買う（既に乗り遅れているのですが）。ピークに近いのでやがて落ちだす。毎日上下にブレるので、欲が絡んでなかなか踏ん切りがつかない。どうにも我慢できなくなると諦めてゾロゾロと債券へ逃げ出す（債券は皆が買うので高値になっている）。株の市場が持ち直してきて、かなり上がったころになると、「これ以上は待てない」と債券を売って（みんなが売るので安値で売り）、株に飛びつく。放ったらかしにしていた人は黙って7、8％を手にしていたのに、相場を読んで儲けようとした人の多くは裏目に。日本でもよくある話です。

■ 乗り遅れまいと焦りだす頃合いが営業のタイミング！

証券を売るビジネスの立場で考えたら極めて合理的な話ですが、市場の低迷しているときに株を勧めても顧客は振り向いてくれません。市場が上がりだすと注目はしても、毎日上下にブレる中で、また逆戻りしないか疑心暗鬼です。明らかに上昇基調になり、いつピークになってもおかしくないころは客も乗り遅れないかソワソワした心理状況です。ここでバッと販促をかけるとビジネスとしては極めて効率的です。

筆者はかつて、ある大手証券会社のセミナーをよく聞きにいっていまし

た。土曜日の午後、1時間半程度のセミナーなのですが2003年春ころまでの株の低迷期には、100人は収容できそうな部屋に、いつもガラーンとして10人程度しか受講者がいませんでした。ところがこの年の5月、小泉政権がりそな銀行の支援を決めた途端に株式市場は急騰。9月にはピークに達してしまったのですが、その1ケ月ぐらい前に相場観のセミナーが行われたときには、机はぎっしり満席で、その回りをぐるりと2重に椅子を並べ、全く出入りができない程の盛況で、見渡すとほとんどが高齢者。「なるほど、これが投資の実態なんだ」といたく感心しました。こうした記憶のうえで上記の米国の調査会社のデータを見ると、筆者は妙に調査結果に納得してしまいます。

> ### コラム 「"相場を読まない"と言うけれど、世間は相場の話ばかりですが？」
>
> ある研修で上記のような質問を受けました。皆さんはどう思います？
>
> 私はこう答えました。「短期投資のプロがこんなことを言っていました。"私たちも長期で投資するなら企業の成長性を考える。でも私たちは短期の成果を目指しているので、企業よりもその企業を取り巻く投資家達の心理状態を分析し先手を打って勝負している"…これは極端な例としても、投資家は短期から長期までいろいろなニーズがあり明日現金化するかもしれません。株、債券、不動産…膨大な市場はスポット投資の概念で動いています。運用する側は常に短期の成果を注視されます。そして、そうした結果が市場のインデックスとして表現されている訳です。
>
> 相場を読む・読まないのどちらが正しいかではなく、積立投資で長期で資産づくりをしていこうという皆さんとは目的、手段が違うのです」。

2 積立でも、せめて年に一度はリバランスを!

■ 本項のポイントは?

　前項で「リバランスは相場を読まないで機械的に行う」という話をしました。

　放っておくと自分が考えていたものとは全然違った資産構成になってしまい、市場の急落等で思わぬ影響を受けかねません。資産運用で一番大切なのは自分の資産構成を決める、すなわちポートフォリオを組むことでした。リバランスをしないで放ったらかしにしたのではポートフォリオを組んだ意味がなくなってしまいます。従ってリバランスはとても大事な項目なのですが、本項の結論は、「リバランスはあまり神経質にならないで、しかし、せめて年に一回ぐらいは資産のバランスを整え直しませんか」ということです。

　本項では積立運用も含めてリバランスのシミュレーション結果を確認し合ってみる内容ですから、特に関心がなければ、本項は読み飛ばして次項に進んでください。

■ リバランスすれば大幅に資産が増えるの?

　図表7-2は1985年1月に、100万円を内外の株式と債券に4分の1ずつ分散して、スポットで投資した時のリバランスの結果を示しています。この4分の1ずつ持つケースというのは、今の日本の年金運用や国民年金基金のポートフォリオに近い運用でした（**図表6-5**、**図表6-6**、106、108頁）。

　さて、左のグラフは、図に示すように各々の市場がバラバラに動く中で、

内外の株・債券に4分散（1985年1月～2017年9月末迄）

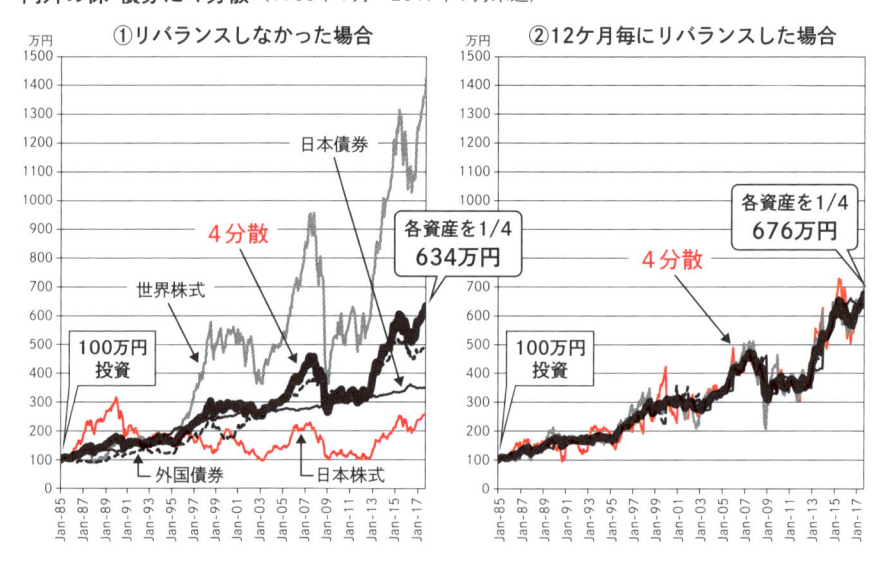

30年強、リバランスしないで放ったらかしにしてきた結果、資産の55％は外国株で占められた状態になってしまいました。一方、右のグラフは1年ごとに資産が4分の1になるようにリバランスした様子を示しています。

　この図では2017年の9月の時点では若干ながらリバランスによって残高が増えている様子がみえます。しかしグラフを並べただけではリバランスした、しないの違いが分かりませんので左右のグラフを重ね合わせてみます。

　図表7-3がそのグラフです。スポットでは多少なり差が見てとれますが、このケースでは積立はほとんど差が認められません。リバランスの回数を変えても、スタート時期を変えても傾向は同様です。

　では、どういう資産構成でも積立は上記のような傾向になるのかというと、そうでもありません。

　図表7-4は外国株式と日本債券を半々にしたものです。積立もスポッ

図表7-3 リバランスをした場合としない場合を重ねてみると

内外の株・債券に4分散（1985年1月～2017年9月末迄）（12ケ月毎に機械的にリバランス）

①スポット投資

実線：リバランス実施
点線：リバランスなし

②積立投資

実線：リバランス実施
点線：リバランスなし

図表7-4 リバランスをした場合としない場合を重ねてみると

外国株と日本債券に2分散（1985年1月～2017年9月末迄）（12ケ月毎に機械的にリバランス）

①スポット投資

実線：リバランス実施
点線：リバランスなし

②積立投資

実線：リバランス実施
点線：リバランスなし

図表7-5 リバランスをした場合としない場合を重ねてみると

外国株と日本株に2分散（1985年1月～2017年9月末迄）（12ケ月毎に機械的にリバランス）

トと同じようにリバランスが有利に働いています。

　しかし、**図表7-5**のように、日本株と外国株を半々で持ったケースでは、上昇中の外国株を削って日本株を買い増しても、日本株が下落しているので口数を増やした効果が生かされず、この期間で言えばリバランスしないで外国株で放ったらかしの方が残高はかなり大きくなっています。

■ リバランスの目的は資産を増やすよりも、バランスを整えること！

　こうしてみると、リバランスしたからと言って資産を大幅に増やせるわけではなさそうですね。ケースによっては逆効果になることすらあります。

　リバランスの意図は、自分の想定しているポートフォリオからずれることで思わぬ資産変動の影響を避ける効果の方が大きいと言えますね。**図表7-4**のように日本債券と外国株式を半々ずつ買って、30年強そのままにしていたら資産の80％が株で占められてしまいました。安定的な日本債

券に対して外国株は急騰、急落するのでリバランスしないまま株の割合が増えていると、あるとき突然資産が急減する事態が起こり得ます。

リバランスすることで資産の変動をまろやかに保つことができます。

本来、ポートフォリオを組むということは、できるだけ小さいリスク、あるいは自分が許容できるリスクで期待する利回りを確保することにあるのですから、リバランスを無視したらポートフォリオを組む意味がなくなってしまいます。

「自分年金づくりは長期で運用するのですから、あまり神経質にならず、精々、年に1、2回はお金の面倒を見てやってはどうでしょう」と市場は私たちにこんなメッセージを送っているのではないでしょうか。

バランスを整え直す際も大ざっぱで十分でしょう。バランス型を運用するファンドマネージャーでも、例えば5％以内のズレは気にしない等の方針で対応しています。

3 プロなら市場を 出し抜けるの?

　投資信託は大きく分けると、インデックスファンド（「パッシブファンド」とも呼ばれています）とアクティブファンドとに分かれます。

　インデックスファンドとは日本株式で言えば、日経平均とかTOPIX（トピックス、東証株価指数）のような株式市場の推移を示す指数と同じ値動きをするようにつくったファンドです。日経平均は大ざっぱに言うと一部上場企業約2000銘柄中の代表的な225銘柄の株価の平均を示しています。トピックスはその約2000銘柄の時価総額（それぞれの銘柄の株価と株数をかけて時価を出し、それを総合計したもの）の推移を示しています。

　インデックスファンドはプロが苦労して値上がりしそうな銘柄を探し出しているのではなく、市場の銘柄の構成をそのまま模倣しているだけなので、当然費用が安くなります。

　一方、アクティブファンドは運用のプロの力でこれから成長しそうな銘柄や割安な銘柄を探し出し、市場を出し抜いた運用を目指すファンドです。エコノミスト、運用戦略を立てるストラテジスト、企業調査の専門家であるアナリスト、そしてそれらの情報を背景に運用を担当するファンドマネージャー等の総力の結晶として高度な運用力を発揮しようとしています。高い運用成果を期待できるかもしれませんが、プロが絡むので当然、コストが高くなります。

■ プロでもなかなか市場を出し抜けない！

　さて、**図表7-6**は、左が日本の株式市場、右が外国の株式市場で、二十銘柄前後のアクティブファンドをランダムに引っ張り出し、リーマンショックを挟んだある期間の推移を市場の指数（インデックス）と比較したものです。

　どれも市場と全く同じ動きをしています。プロに任せれば、市場が低迷してるときに市場とかけ離れた動きで一人、市場を出し抜いた運用をしてくれるなどといことは考えにくいのが現実です。

　ましてアクティブファンドは費用が高くなるので、左右どちらの図でも分かるように、市場に負けているケースが多いのも事実です。

図表7-6 プロ（アクティブファンド）なら市場を出し抜けるのか？

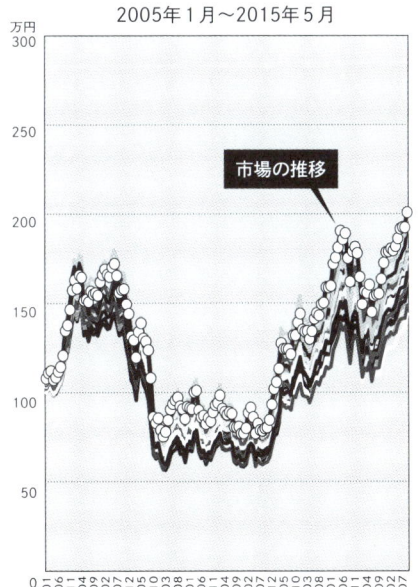

日本株式のアクティブファンド例
2005年1月〜2015年5月

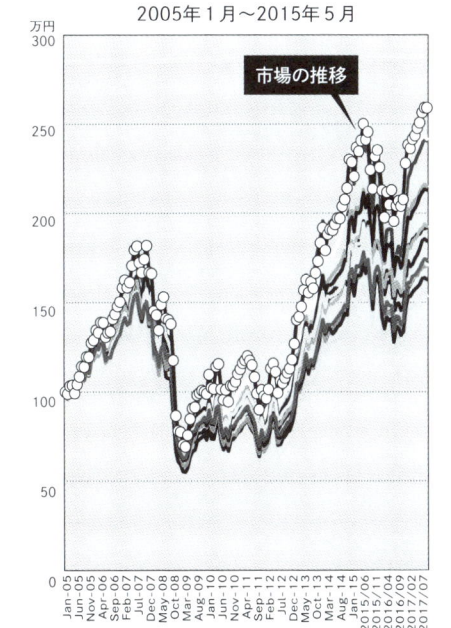

外国株式のアクティブファンド例
2005年1月〜2015年5月

ところで、左の日本株式のグラフで図中ではグラフが重なり合って判別できないのですが、この間、かなり頑張ってインデックスファンドにくっついているファンド（Aファンドと仮称します）があり、次項でこのファンドに焦点を当ててみます。

4 いいファンドなら ずっと勝ち続けられるの?

■ 日本株式市場で頑張ってきたアクティブファンドの場合は?

　図表7-7は前項の日本株のAファンドの推移です。

　左のグラフの赤い太線がAファンドで、○印がインデックスファンド、その下の7本ほどがアクティブファンドです。2000年以降のITバブルの

　健闘してきた日本株Aファンドの場合は?

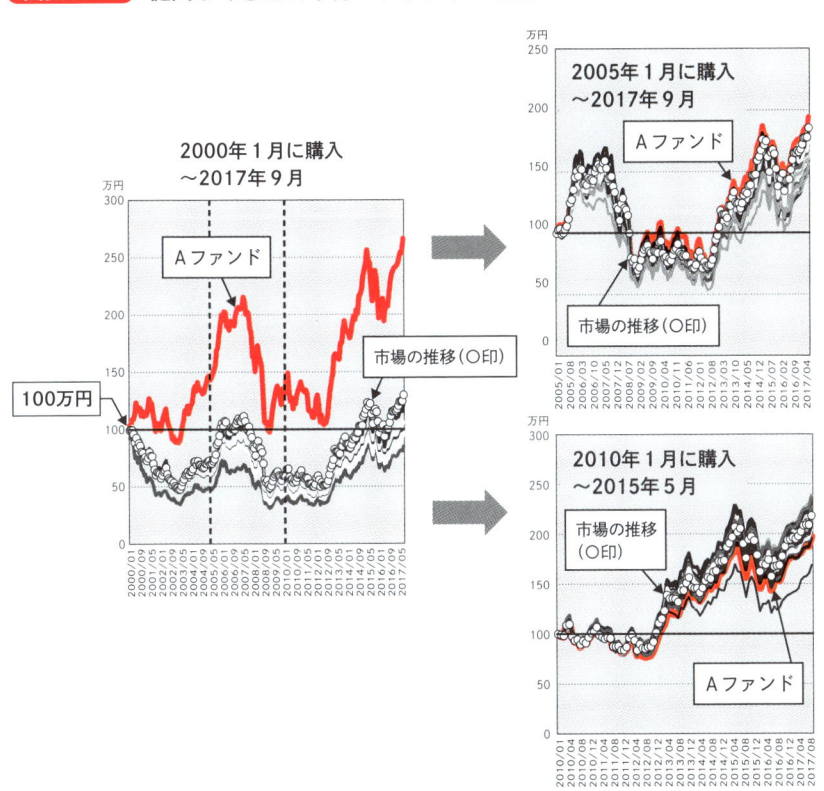

崩壊時に頑張って僅かな落ち込みで乗り越えた効果が後々まで活かされています。

　右上のグラフはその約5年後の2005年にスポットで運用を始め出した場合の推移でアクティブファンドは18本、右下は2010年に始め出した場合でアクティブファンドは25本描かれています。

　いずれも、他を出し抜くような急激なスタートダッシュがかかるわけではなく、他のアクティブファンドと同じような動きの中に収まっている様子がうかがえます。

　ところで、右下の図では随分たくさんのファンドが描かれているのに、年代をさかのぼるたびに段々数が少なくなっているのは、日本の投資信託の歴史がそれほど長くないからです。2010年に存在していたファンド25本中で2005年に既に存在していたのは18本、それが2000年までさかのぼると僅か7本しか残っていませんでした。

■ 名ファンドといわれた外国株式ファンドの場合は？

　図表7-8で、名ファンドと言われた外国株のBファンドを採りあげてみました。

　このファンドも前項のAファンドと同様に出だしで非常に好成績を収めましたが、5年後、10年後から始め出した場合は、その他のアクティブファンド群と一緒になってしまいました。それでも、インデックスに非常に近い動きになっていて、Aファンド同様に頑張ってきたファンドには違いありませんが。

　ちなみに、「インデックスと同じ成績だったらインデックスファンドと変わらないじゃないか」と思うかもしれません。確かにインデックスファンドはインデックスと同じ動きをさせていますが、当然ながら商品としてのコストがかかりますから、インデックスファンドはインデックスそのものより若干低い推移を示さざるを得ません。

図表7-8 名ファンドと呼ばれた外国株Bファンドの場合は？

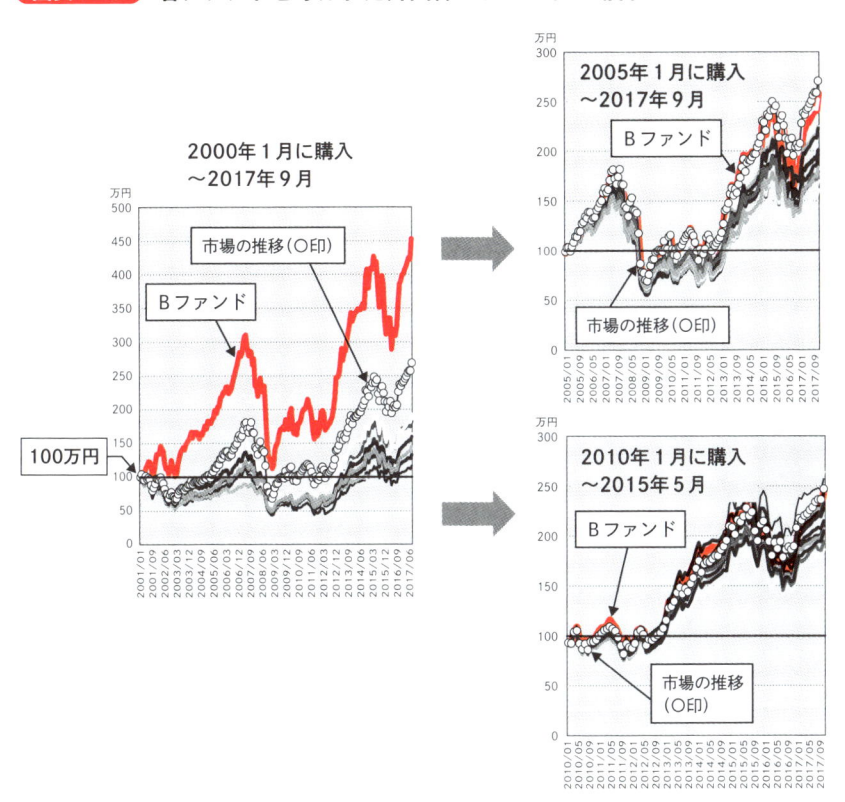

■ いいファンドなのに、なぜ頑張り続けられないの？

　例えば名ファンドと言われたBファンド。非常に目利きのいい運用会社が、1万以上の銘柄の本来あるべき価格を割り出して、あるべき価格の70％以下の割安になっている銘柄を30前後拾いだし、やがて歪みが埋まって価格が100％に戻ったら売るような運用で断トツの成績を挙げました。

　当然、みんなが注目し、お金がどんどん集まってきます。そうなったら、自分が買い付けているだけでも値段がどんどん釣り上がってしまいますし、

そうそう歪みの大きな銘柄は掘り出せません。結局は、ファンドが大きくなると多くの実例が示すように段々に、インデックスに近づいていかざるを得ない訳です。

　こうしてみると、私達が長期で年金づくりをしていくのに目先で好成績な銘柄を追いかけ続けたとしても、長期の成果にどれだけ反映できるのか疑問だと思いませんか？

　こうしたことから最近の日経新聞の調査（2017年4月16日（日）のトップ記事）では、日本で買われている投資信託の8割はインデックスファンドで占められているとのことです。

5 積立だと頑張ったファンドとの差が出にくいってホント?

■ 積立ならAファンドとインデックスの差が出にくい?

　前項の**図表7-7**（139頁）のAファンドの図で左のグラフはこのファンドがスタートして間もない2000年に100万円をスポットで投資した時の価格の推移でした。特に当初、まだファンドが小さい時期に頑張った成果で、その後の残高はインデックスや他のアクティブファンドを圧倒しています。さて、このAファンドを2000年から積立で買い続けていたらどうだったでしょう。

　それが**図表7-9**です。インデックスで積み立てた場合と、Aファンドで積み立てた場合を比較すると大きな差が認められません。さて、これはナゼでしょう。

図表7-9 ところで、さっきのAファンドも「積立て」の場合は?

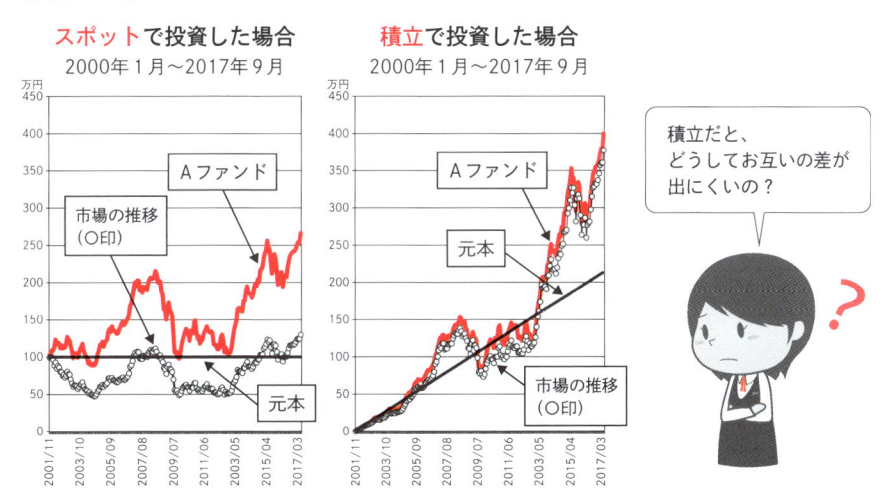

スポットで投資した場合
2000年1月〜2017年9月

積立で投資した場合
2000年1月〜2017年9月

積立だと、
どうしてお互いの差が
出にくいの?

皆さんは既に答えを持っています。そうです。積立の場合は運用の悪い方は価格が安いから口数を沢山買いこむことができたので、結果的に積立の場合は時価の差ほど残高が開かなかったのです。それでもインデックスに負けていないのは立派です。初期に積立を始めた人にとってかなり有利なファンドだったと言えます。

■ 実際の確定拠出年金の提供商品群で確認してみましょう

　図表7-10から7-13は、確定拠出年金を導入したいくつかの会社がそれぞれの金融機関から提供されている商品について、スポットと積立の運用実績を示しています。確定拠出年金は一般的には内外の株と債券それぞれについて、2本〜4本程度の商品が提供されています。ここでは外国株式と日本株式の投資信託の例を2通りずつ採りあげてみました。パラパラっとめくってみてください。前述したスポットと積立の傾向の違いがおわかりいただけると思います。

図表7-10 確定拠出年金の提供商品例①〈外国株式〉（2002年10月～2017年9月迄）

価格の推移（＝スポット100万円）

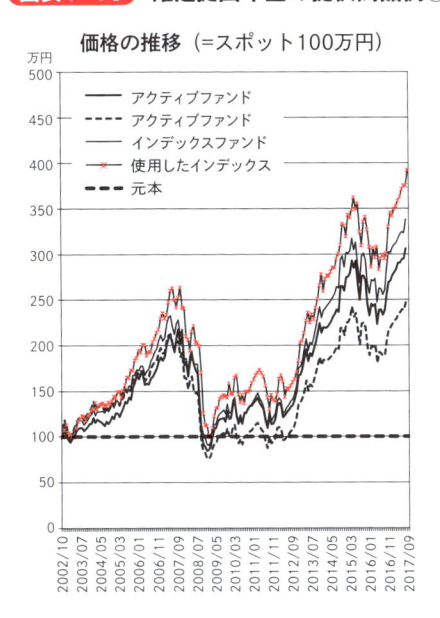

価格の推移（＝積立 毎月1万円）

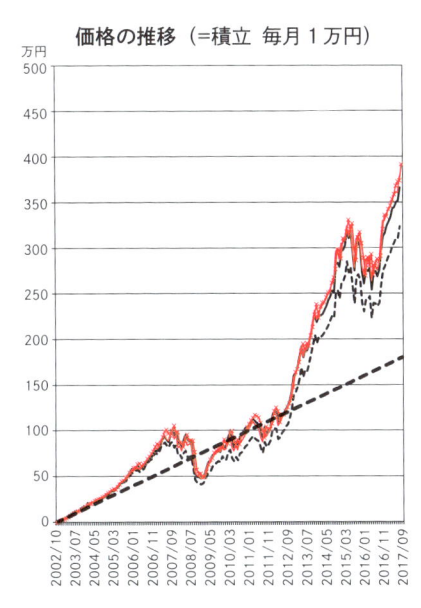

図表7-11 確定拠出年金の提供商品例②〈外国株式〉（2004年8月～2017年9月迄）

価格の推移（＝スポット100万円）

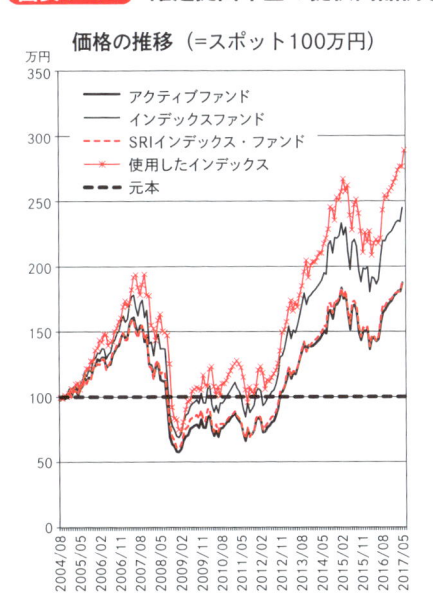

価格の推移（＝積立 毎月1万円）

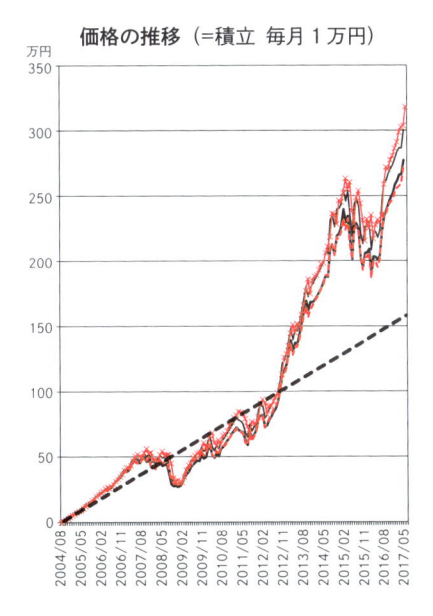

確定拠出年金の提供商品例③〈日本株式〉（2003年３月～2017年９月迄）

価格の推移（＝スポット100万円）

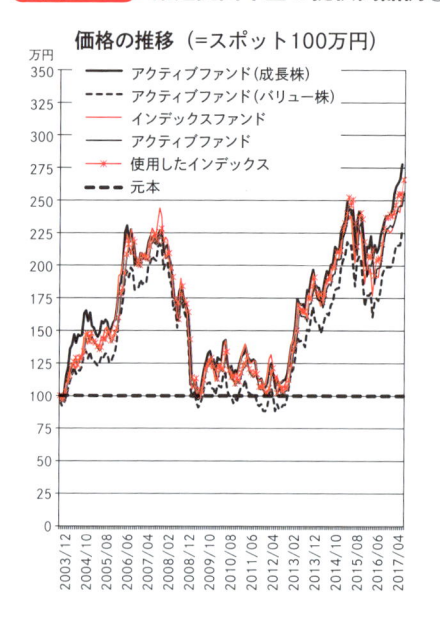

価格の推移（＝積立 毎月１万円）

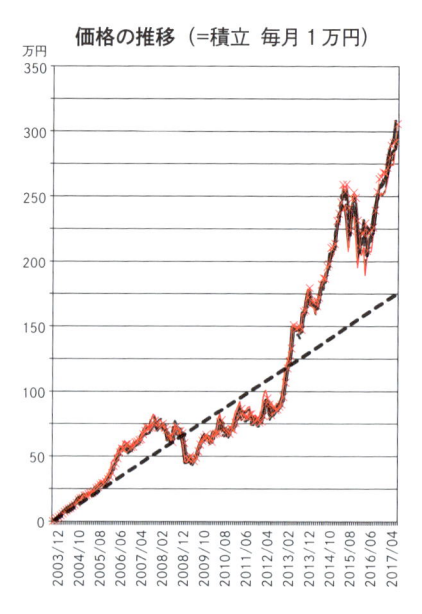

確定拠出年金の提供商品例④〈日本株式〉（2005年８月～2017年９月迄）

価格の推移（＝スポット100万円）

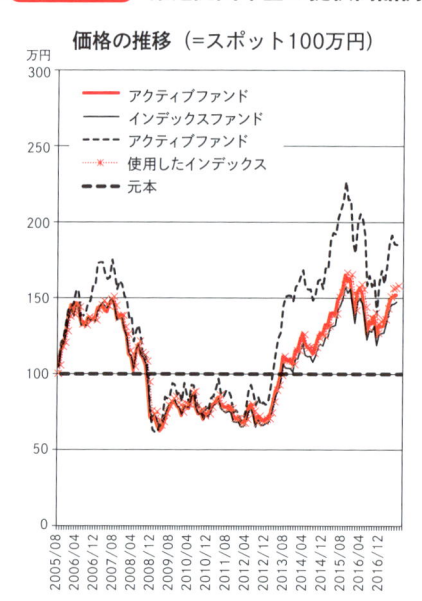

価格の推移（＝積立 毎月１万円）

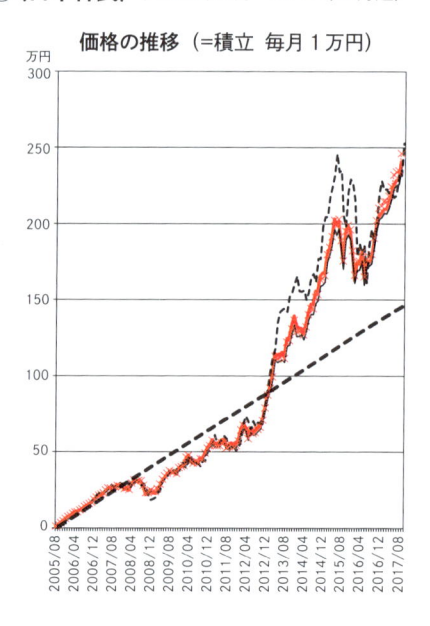

6 だとしたら商品選択のところで悩まない!

■ 迷うぐらいならインデックスを選んだらどうですか?

　さて、資産運用の話も終わりに近づいてきました。最後の課題は商品選びです。

　いろいろな商品をダラダラと並べても、全体の構成がわかりにくいため、一覧できるように整理してみます。

　確定拠出年金の場合は、金融機関の多くが15本前後の投資信託を、株式と債券、アクティブファンドとインデックスファンドに分けて満遍なく提供しているので、確定拠出年金の事例で話を進めてみましょう。

　図表7-14は、ある金融機関が提供している確定拠出年金の商品群を区分に分けて図化したものです。その他に元本確保商品も提供されているのですが、これは図に含めておりません。

　つみたてNISA（少額非課税投資）を始めようとしている人も、確定拠出年金でも、あるいはネットで自分が買いたい商品を自由に探そうとする際も、こんな区分け図を作って商品を書き込むと、全体の構成が見やすいのではないでしょうか。

　ところで、日本中で確定拠出年金の加入者が一様に悩んでいるのは「どの商品を選んだらいいのかわからない」ということです。ある大手企業で行われた社員研修のあとで、社員が「だれか自分に代わって商品を選んでもらえないでしょうか（笑）」などと発言していた新聞記事を読んだことがあります。

　確定拠出年金が日本でスタートしてから16年経ちましたが、今でも資産の6割が定期預金的なほとんど利息の付かない元本確保商品で放った

図中の%は信託報酬(消費税別)

アクティブファンド(アクティブ運用)

・フィデリティ日本成長株
ファンド
(フィデリティ投信) 1.53%
・大和住銀DC日本バリュー株
ファンド
(大和住信投信投資顧問) 1.52%

・大和住銀DC海外株式アクティブ
ファンド
(大和住信投信投資顧問) 1.62%
・フィデリティ・グローバル・
ファンド
(フィデリティ投信) 1.73%

日本株式

外国株式

インデックスファンド(パッシブ運用)

・三井住友・日本株式
インデックス年金ファンド
(三井住友アセットマネジメント)
0.25%

・DC外国株式
インデックスファンド
(三井住友トラスト・アセットマネジメント)
0.25%

バランス型ファンド

三井住友・ライフビュー・バランスファンド (30、50、70)

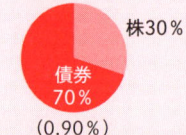 株30%
債券
70%
(0.90%)

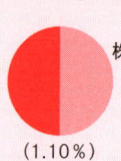 株50%
(1.10%)

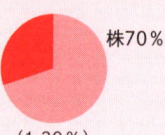 株70%
(1.30%)

・三井住友・
日本債券インデックス・ファンド
(三井住友アセットマネージメント)
0.16%

・DC外国債券
インデックスファンド
(三井住友トラスト・アセットマネジメント)
0.23%

日本債券

外国債券

・シュローダー年金運用ファンド
日本債券
(シュローダー・インベストメント・マネジメント)
0.59%

・三井住友・
DC外国債券アクティブ
(三井住友アセットマネジメント)
0.75%

らかしになっていて、加入者の大半がここから一歩、前に出られないのです。

でも、これからコツコツと年金づくりをしようという人は、積立投資が中心になるはずです。その際、積立であろうがスポットであろうが基本的には考えが同じですが、特に積立の場合はインデックスファンドでも、アクティブファンドでも、差が出にくいということでした。

それだったら、迷うぐらいなら、コストの安いインデックスファンドを選んでしまったらどうでしょう？。

■ 商品選びより資産配分！　もう皆さんは準備完了です！

商品の選択なんて大した話ではなく、それより遥かに大事なことは内外の株や債券を自分だったらどのように組み合わせようかということです。ですから、年金運用している機関投資家は政策アセットミックスなどという仰々しい表現をつかっているのです。

「当面はどういうポートフォリオでスタートしようか」、「老後が近づいたら？」、「老後生活に入ったら？」……このことが最大の課題です。そして皆さんはもう既に前の章で当面の資産配分を決めてしまいました。その配分から長期で期待される利回りまで把握してしまいました。

ですのでもう、核となる話はすべて終了です。あとはそれらの結果を使って将来のライフプランを立て、いまからいくらぐらいの準備をしていく必要があるのかを決めていくだけです。「専業主婦の家庭だったら？」「奥さんが子供を出産するまで会社勤めの場合は？」「共稼ぎなら？独身なら？」。それは最後の章で一緒に計算してみましょう。

■ 投資信託の8割はインデックス運用！

本章の4項で少しだけ触れましたが、日経新聞の記事（20017年4月16日のトップ記事）を要約すると、「日本の投資信託の8割はインデック

ス運用で、アクティブ運用からインデックス運用に資金を移す投資家が後を絶たない。日本の年金運用も7割がインデックス運用、企業年金連合会も8割はインデックス。 こうしたインデックス運用重視は世界的な傾向でもある。

ただし、インデックス運用は、業績の悪い企業も含めて市場の銘柄を丸ごと買い込むので選別機能が発揮できない等、いろいろな弊害、課題も出ている」と記されています。

インデックス運用が好まれる理由は、まずコストが安いこと。そしてアクティブファンドは例えば、「この企業は市場のなかでかなり割安になっている」とか「目立たないけれど、この企業のこの分野は将来、大きく成長しそうだ」等、いわば市場の中の歪みをプロが探し出しています。みんながそこに気付いたら、一気に資金が集中して歪みが埋められてしまうので、運用者がどんなに優秀でも市場平均（インデックス）に勝てないという投資理論の仮説に基づいています。 理論的に仮説が証明されているわけではありませんが、経験上、多くの人がそう思っている訳です。この傾向は皆さんも、もう既にイメージできているのではないでしょうか？

7 結局、堅実な運用なら単純明快、誰にでもできる!

　この章の最後に、これまで理解してきた知識をもう一度整理してみましょう。

　そして次の章で、周辺知識として若干補っておきたい部分を補足し運用の話は終わりとします。

　図表7-15に、これまでの話を整理しました。ここはしっかり目を通してくださいね。

　わかりにくいところもあったかと思いますが、結論はバカバカしいほど単純な話ですね。でも、これは筆者が主張している理屈ではなく、いままで皆さんと一点一点確認し合ってきた市場からのメッセージではないでしょうか。

図表7-15 これまでの話をまとめてみると…

① 堅実な資産づくりって、目先の相場を読んで、切った張ったすることではありませんでしたね。

② プロ（アクティブファンド）なら市場を出し抜けるって訳では、必ずしもなかったですね。また、頑張ったファンドもいつまでも頑張り続けられるかは？？？でしたね。

③ 特に、積立の場合は頑張ったファンドとインデックスファンドとの差が出にくい傾向がありました。（積立って、気が楽ですね）

④ 結局、どの商品を選ぼうかよりも、内外の株・債券をどういう組み合わせにしようか、という方がはるかに大切だということですよね。

⑤ そして、相場に惑わされず、自分の選んだ組み合わせをしっかり守っていく！…これが肝心でしたね。

⑥ 堅実な運用なら誰でも出来る！とても単純な結論でした。そして難しくした人ほど確率的に損をしやすい…納得できましたか？

第8章
いろいろな周辺課題を整理してみましょう

前章で運用の核心の話は終わらせたつもりです。
本章は、前章までの話の流れの中ではボリュームがあったり、入れにくかった課題、よく質問される課題を補足的に記載しました。

細かい話も多いので図版だけパラパラと眺めていただき関心ありそうな内容があったらお読みください。

ただし、第1項の運用にかかるコスト、第2項のグラフの落とし穴と、第5項のバランス型ファンドについては、図版からだけでも意図を汲んでいただきたいと思います。

1 運用にかかるコストを整理しておきましょう

■ 投資信託にはどんな費用がかかるの？

　図表8-1に示すように一般的に投資信託には販売手数料、信託報酬、信託財産留保額、そして税金がかかります。

①販売手数料

　投資信託を買うと、アクティブファンドの多くは販売手数料が取られます。

　株のアクティブファンドだと販売手数料として例えば3％（消費税別途）等が差し引かれたあとで運用に回されます。

　同じアクティブファンドでも証券会社や銀行の窓口で買う場合は顧客の相談に対応したり、人手がかかるため販売手数料が発生しますが、ネット証券だと人手を介さないので発生しないというケースもあります。販売手数料のかからないものを**ノーロード**と言っています。インデックスファンドはノーロードのものが多いのですが、これも窓口経由で買うと多くの場合は手数料がかかります。

　確定拠出年金やつみたてNISAの場合は、販売手数料はかかりません（ただし、スポットで投資する従来からのNISAは、株を買う場合は手数料がかかりませんが、一般的に投資信託は手数料が発生します）。

②信託報酬

　運用中にかかる費用です。日割りで永続的に残高から抜かれます。これは運用会社によって決められるものなので、どの証券会社等で購入しても

図表8-1 "運用のコスト"と"分配金再投資"って？

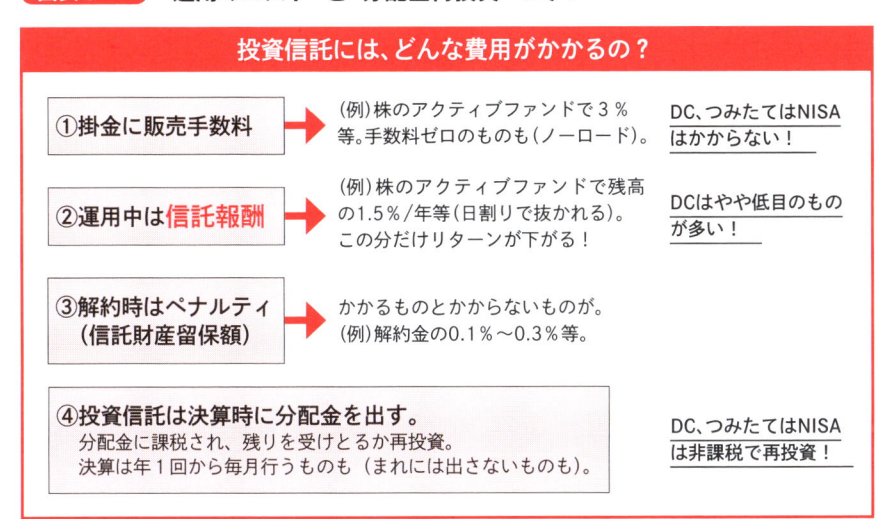

投資信託には、どんな費用がかかるの？

①掛金に販売手数料　→　（例）株のアクティブファンドで3％等。手数料ゼロのものも（ノーロード）。　DC、つみたてはNISAはかからない！

②運用中は**信託報酬**　→　（例）株のアクティブファンドで残高の1.5％/年等（日割りで抜かれる）。この分だけリターンが下がる！　DCはやや低目のものが多い！

③解約時はペナルティ（信託財産留保額）　→　かかるものとかからないものが。（例）解約金の0.1％～0.3％等。

④投資信託は決算時に分配金を出す。
分配金に課税され、残りを受けとるか再投資。
決算は年1回から毎月行うものも（まれには出さないものも）。　DC、つみたてはNISAは非課税で再投資！

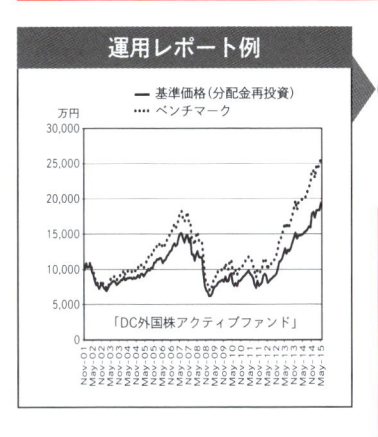

運用レポート例

── 基準価格（分配金再投資）
‥‥ ベンチマーク

万円
「DC外国株アクティブファンド」

販売手数料や分配金を含めたのでは運用会社の実力がわからなくなってしまう！

そこで…

運用者の実力を示すため、
・販売手数料がかからないとして、
・また、分配金には課税されないでそのまま再投資されたのもとして表示。
　⇒「分配金再投資」
・従って実際の残高はもっと少ない。

DC、つみたてNISAは表示どおり！

費用は同じです。この分だけは確実に利回りが下げられるので信託報酬は安いに越したことはありません。

　確定拠出年金の場合は、通常で買うよりも信託報酬を若干安くしています。「DC○○ファンド」とか「△△ファンドDC向け」などの商品名がついているものがこれに当たります。

信託報酬は、商品によってバラバラですが、例えば日本株のあるアクティブファンドは年1.5％、これに対してインデックスファンドは年0.4％等で、その差は相当に大きいことがわかります。

③信託財産留保額

誰かがファンドを解約すると、運用会社はファンドを売って現金化したり、そのあとの資産構成を整え直すために売り買いの費用が発生し、他の投資家に影響を及ぼします。そのため、解約する分の0.1％〜0.3％ぐらいをペナルティとして、ファンドのなかに残していってもらおうというのが信託財産留保額です。ペナルティをとらないファンドもあります。

但し、信託財産留保額は額が小さいのであまり気にする話ではありませんが、それでも年に何回もリバランスするとコスト高になるので留意すべきです。

④分配金への課税

投資信託のコストに一番影響の大きいのがこの分配金への課税です。

インデックスファンドの多くは年に１回決算をしています。アクティブファンドは毎月決算するものもあります。決算の結果、それぞれの運用方針に従って分配金（株の配当の様なもの）が支払われます。分配金が支払われたことによって得た利益には税金（約20.315％）が掛かり、税引き後の分配金が投資家の口座に振り込まれます。

しかし、年金づくりのように将来に備えて積み立てていこうという人には、その都度、払い戻されてしまったのでは資産を増やせません。そこで、投資信託を申し込むときに「分配金再投資」を指定しますと、税引き後の分配金はファンドに戻されて複利運用を続けていけます。ファンドによっては分配金再投資ができない商品もあるので確認が必要です。

毎期、分配金を出して税金を引かれながら運用していくと課税分だけ複

利の運用効果が削がれてしまいます。長期で資産づくりをするためには、途中で分配金を出さないで複利で膨らまし続けたあとで、まとめて課税される方が有利になります。確定拠出年金もNISAも非課税で運用できるので、非常に有利なことが分かります。

■ 運用実績グラフの見方

　運用実績のグラフの一例を、**図表8-1**に示します。そのファンドの運用者の実績を確認するためのグラフです。

　図中のベンチマークというのは、その商品が比較対象としている指標（インデックス）のことです。例えば日本株式ならトピックスや日経平均、日本債券なら野村BPIのようなものです。バランス型ファンドの場合は、いくつかのインデックスを組み合わせてベンチマークにしています。

　運用会社は、分配金再投資を前提にして自分たちの運用実績を表示しています。分配金を出したあとの時価で表示したら、分配金をたくさん出すか、少しにするか、出さないかで残った価格が異なってしまい、運用者の実力の評価につながりません。また税金もファンド運用者の腕とは関係ありません。そこで、運用者の実力を表すには分配金に課税をしなかったものとして、そっくり分配金を再投資させた計算にせざるをえません。

　それから、最初に差し引かれる販売手数料も、運用する以前にかかる費用なのでグラフには含まれていません。

　従って、皆さんが実際に投資して受け取る金額とこのグラフとでは金額がかなり違ってきます。一方で、確定拠出年金やつみたてNISAは販売手数料を取られず、運用益への税金もとられませんからグラフがそっくり自分の実際の残高になります。

2 陥りやすい 運用グラフの落とし穴!

■ 本当にこれ程の差がでるのだろうか?

運用の推移グラフをみる際は、大きな落とし穴に気を付ける必要があります。

図表8-2の上段のグラフは、**図表2-1**（37頁）と同じもので、国内外の株式と債券の市場の推移を示しています。

図表8-2 株式、債券の市場の推移

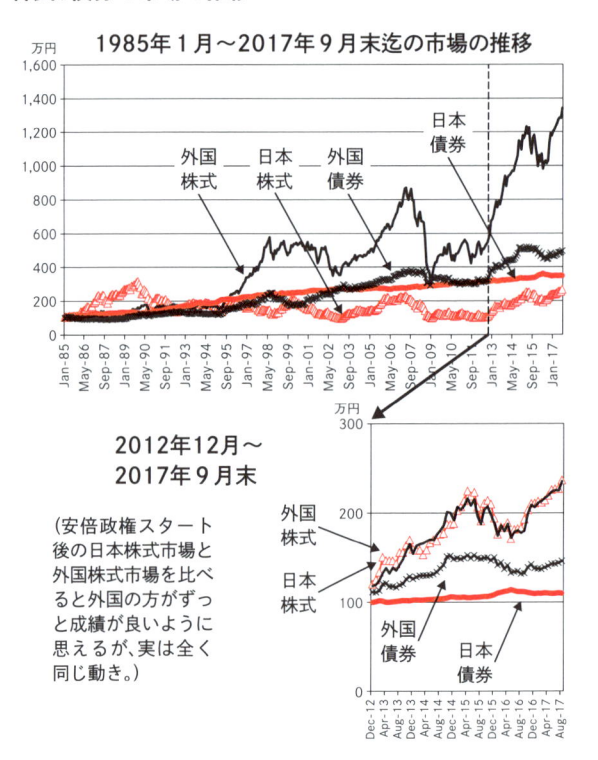

（安倍政権スタート後の日本株式市場と外国株式市場を比べると外国の方がずっと成績が良いように思えるが、実は全く同じ動き。）

　上段グラフを見る限り、外国株式と日本株式ではその差は歴然です。安倍政権がスタートし、日銀の金融緩和政策で株価が急騰したといっても、外国株式の勢いにはとても歯が立ちそうにありません。

　ところが、下段の図は安倍政権がスタートした時期を起点としてグラフをとり直したものです。日本株式と外国株式がほとんど重なってしまいました。これは一体どうしたことでしょう。

　図表8-3を見てください。ＡとＢがある期間でそれぞれ２倍になりました。ＢはＡの３倍も背が高いので、同じ２倍になってもＡとは傾斜が全然違います。

　まして、日本株と外国株ではこの時点で背丈が６倍も違うのですごい傾斜の差になります。

　ですから、初期の頃に頑張って差をつけたファンドは、その後の運用結果が同じでも、どんどん差がついたように見えてしまうのです。

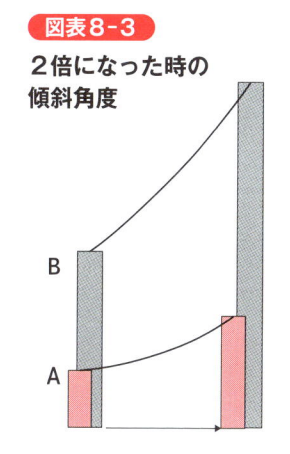

図表8-3

**２倍になった時の
傾斜角度**

B

A

■ 長期だと本当にリターンが良くなるのだろうか？

　よく「長期になるほどリスクが低下する」「長期になるほどリターンのブレ幅が小さくなる」という話を聞きます。確定拠出年金の研修でもこうした説明をされることがあるようですが、これも錯覚の一つです。

　その説明をするためにちょっと一つだけ寄り道させてください。

　図表8-4の上のグラフはリーマンショック以降の世界の商品市場（「**コモディティ**」といいます）の推移です。金・銀・バナジウムなどの貴金属やレアメタル、石油やガスなどのエネルギー、とうもろこし・小麦などの穀物、こうしたいろいろな商品群の動きを示す指標の一つです。

　2008年８月から12月までの間に一気に４割以下まで落ち込み、それ以降も回復どころか、とうとう３分の１近くまで下落してしまいました。

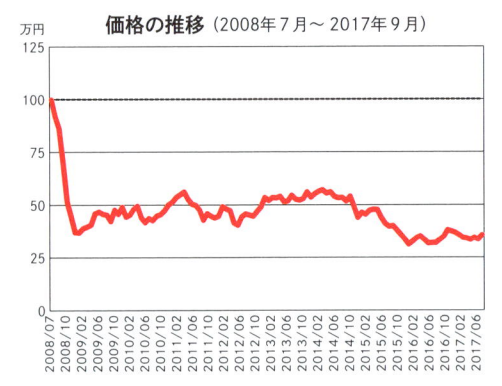

価格の推移（2008年7月〜2017年9月）

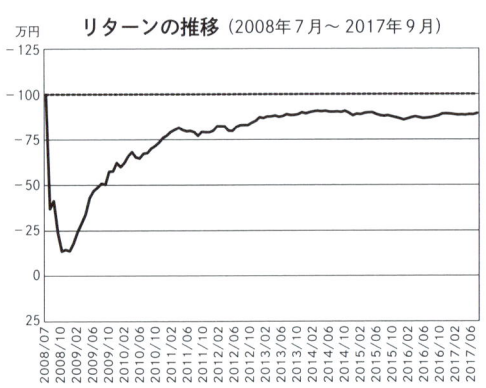

リターンの推移（2008年7月〜2017年9月）

　ところが、上のグラフの左端を起点としてそこからの利回りを計算すると、下のグラフのように年々回復して、すでに数年も前からマイナス10％以下に収まってしまいました。　もし、売り手から「リターンがどんどん改善されて良かったですね」などと言われたら本気で怒りますよね。

　利回りは時間を土台にした計算なので、時間が長くなるほど当然ながら1年あたりの利回りは段々小さくなるわけです。当たり前のような話で恐縮でしたが、次の図を説明するための足慣らしとしてちょっと用意してみました。

■ 長期だと本当にリスクが小さくなるのだろうか？

さて、**図表8-5**の上の図は、第6章の**図表5-9**（86頁）を再登場させたものです。毎月ランダムに上がり下がりするあのバラツキは、「長期で持つと期待する資産残高の上下のブレは段々に大きくはなっていきます。でも、そのブレ幅は利益の増え方ほどは広がりません」ということを物語っていました。

ブレ幅の広がり方が緩やかなのは、期間が長いほどその間の上げ下げが相殺されて（時間軸の上で分散されることで）、なだらかになるということとでした。

図表8-5 長期のブレ幅とリターンの比較

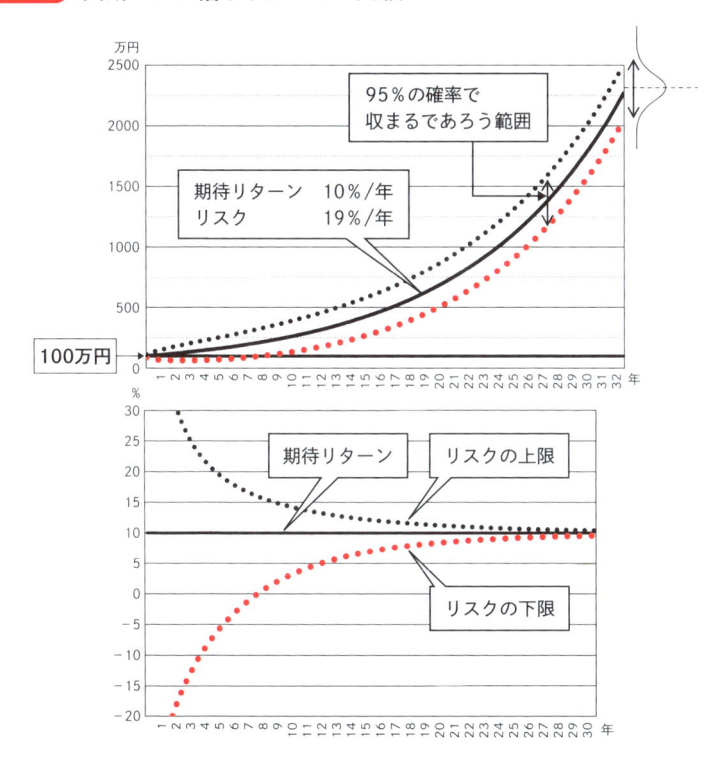

ところが、この期待通りの10％を挟んで、ブレの上限の曲線と下限の曲線の利回りを、前図で説明したように計算してグラフにしてみると、下のラッパのような曲線になり、「長期で持てばブレ幅は限りなくゼロになってしまう」という夢のような話になってしまいます。私たちが手にしたいのはあくまで金額であって％ではありませんね。％はその効率性を計る物差しに過ぎません。このように計算上の話と事実とはかなり違うことがよくあります。

3 インデックスファンドと アクティブファンドの再確認

■ インデックスファンドを選ぶ際のポイントは？

ここで、インデックスファンド、アクティブファンドをもう一度整理しておきましょう。

図表8-6に示すように、インデックスファンドは図の右にあるような、市場を代表するいろいろな指標と同じ動きをするように作られたファンドで、コストの安さが特徴でした。

アクティブファンドは専門家の総合力で、市場の歪みを拾い出したり、

図表8-6 インデックスファンド、アクティブファンドの再整理

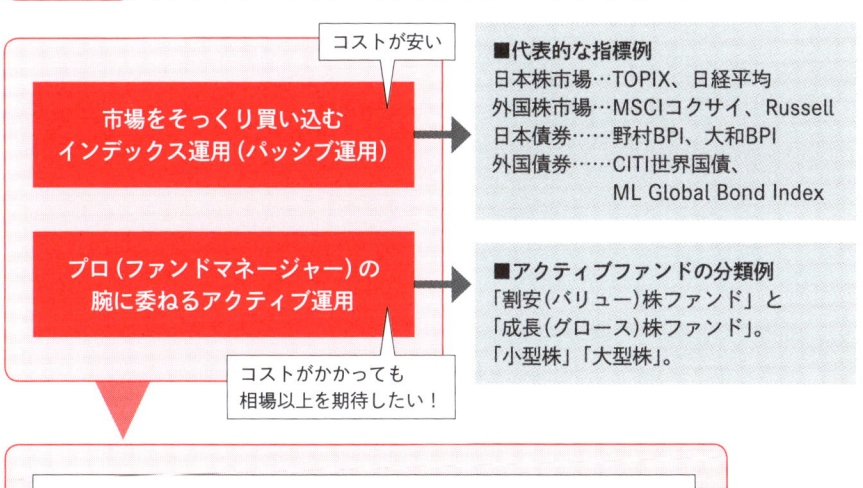

コストが安い

市場をそっくり買い込む
インデックス運用（パッシブ運用）

■代表的な指標例
日本株市場…TOPIX、日経平均
外国株市場…MSCIコクサイ、Russell
日本債券……野村BPI、大和BPI
外国債券……CITI世界国債、
　　　　　　　ML Global Bond Index

プロ（ファンドマネージャー）の
腕に委ねるアクティブ運用

■アクティブファンドの分類例
「割安（バリュー）株ファンド」と
「成長（グロース）株ファンド」。
「小型株」「大型株」。

コストがかかっても
相場以上を期待したい！

でも、プロなら、相場を出し抜けるのか？ 勝ち続けられるのか？

さらに、積立の場合は、両者の差が出にくい？

これから成長しそうな企業を探し出して、コストがかかってもインデックスを上回る成果を目指しています。

しかし、アクティブファンドも、やがてはインデックスファンドに収斂されてしまう可能性が高いことから、年金運用の機関投資家も含め、インデックスファンドが7、8割を占めているのが実態ということでした。

インデックスファンドを選択する際の注意は、まず販売手数料がかからないことは当然ですが、一番肝心なのは信託報酬の安いことです。どのインデックスファンドであろうと対象にしている指標が同じなら差が出ない筈で、あとは信託報酬が高いか安いかの違いだけですよね。スポットで投資をする人は、こうした点をよく確認する必要がありますが、積立の場合は運用の低い方が余計に口数を買えることから、この程度の違いは差になって表れにくいのが実態で、何度も出てくる言葉ですが、何かにつけ"積立は気が楽"ですね。

インデックスファンドを選ぶ際、もう一つ大事なことは、ファンドの資産の大きさです。不況が長引き解約が多くなると資産の小さいファンドは維持が困難になり解散してしまう心配があります。

■ インデックスファンドの商品選択はどうやったらいいの？

インデックスファンドを選択する際のポイントは理解できたものの、「さて、どういう商品を買おうか」とネットで探すとなるとひと苦労します。証券会社単位で調べようとしたら多分訳が分からなくなります。

しかし、「インデックスファンド、比較、比較表」等で検索すると、下記の一例をはじめ、いろいろと商品を比較しているサイトがありますので、これらを参考にして候補を絞り、そのうえで購入しようとする証券会社の取扱商品を確認するのが近道だと思います。

図表8-7 アクティブファンドの運用例①

スタイルマップ

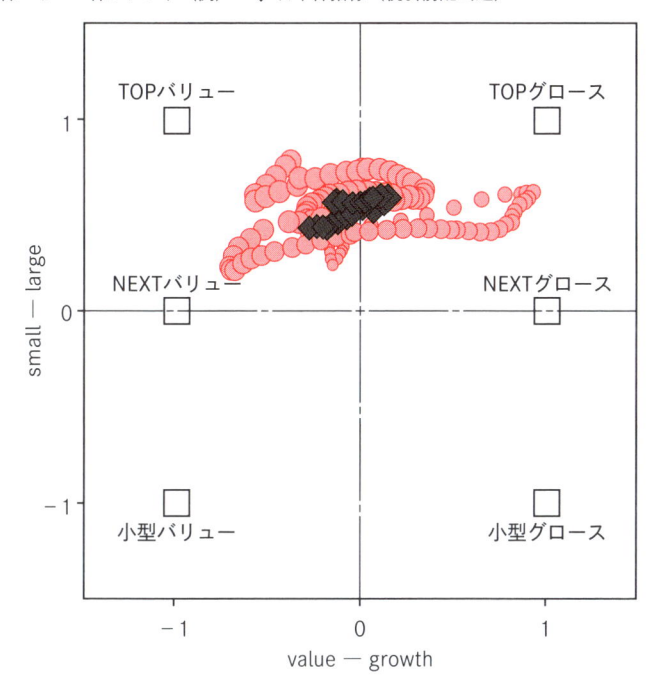

◉ 日本株バリュー株ファンド（例）　◆ 日本株指標（税引前配当込）

累積パフォーマンス・チャート

── 日本株バリュー株ファンド（例）　── 日本株指標（税引前配当込）

当資料は「MPI Stylus™ RIA」を使用して作成。

・比較サイトの一例

ʻhttp://diamond.jp/articles/-/131949

（2018年最新版「インデックスファンド」コスト比較ランキング！）

ʻhttp://etf-investment.com/index-investment/cost-table201711/

（2017年11月のインデックスファンドシリーズ比較表　実質コスト・純資産付き。）

■ アクティブファンドにも頑張ってもらいたい！

（1）アクティブファンドは、こんな構成です！

インデックスファンドは市場をそのまま買い込む話なので理解しやすいと思いますが、アクティブファンドというのはどういう体系になっているのか漠然としていて分かりづらいと思います。

図表8-7は、株式のアクティブファンドの構成を示す図例です。上段の四角の図は、まず左右に大別されます。左は本来あるべき価格より割安なものを探し出す割安株ファンド（バリュー株ファンド）、右は成長しそうな企業を探しだす成長株ファンド（グロース株ファンド）となります。

さらに、この四角を縦方向に3つに区分けし、上から株式発行数の大きな大型株、そして中型株、小型株としています。ファンドマネージャーはこうした各々の領域の銘柄を臨機応変に組み合わせたり、組み替えたりしながら運用しています。

この図は、確定拠出年金で広く選択されている、ある日本株式のバリュー株ファンドの例で、ファンドマネージャーがどこに重点を置いて運用してきたのかを、初期は小さい丸で、段々大きな丸へと時系列に示したものです。真ん中の濃い色の塊りは日本株式市場の指標です。

この図から、このファンドはバリュー株ファンドとは言いながらも、臨機応変にグロース株を選んで運用してきた様子がわかります。このファンドの場合は若干ながら指標を上回った運用をしており、頑張っているファ

図表8-8　アクティブファンドの運用例②

スタイルマップ

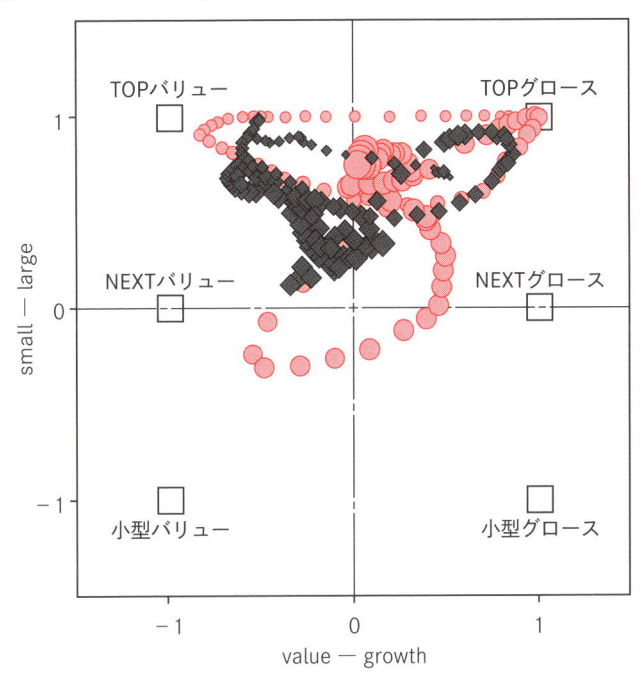

累積パフォーマンス・チャート

当資料は「MPI Stylus™ RIA」を使用して作成。

ンドとして評価されています。

　図表8-8は、もうひとつ、今度は海外株式のアクティブファンドの例を示します。大型から中型、一部小型も含め、バリューに重点が置かれたり、グロースに行ったり、かなりダイナミックに組み換えが行われている様子が分かります。

　残念ながらこのファンドの場合は、グラフに示すようにファンドがスタートした時点からの累積でも、図は載せていませんが1年毎の比較でも世界の株式市場に負け続けているのが実状です。

　これらの図から、ファンドマネージャーの運用の様子を知っていただけたらと思い採りあげてみました。

（2）でも、アクティブファンドにも期待したい！

　アクティブファンドの多くはこうした努力も空しく、コストの安いインデックスファンドに押され気味で、また頑張ったファンドも大勢の人が着目すると、やがてはインデックスに近づいてしまう可能性が高いというのが現実でした。

　ネットなどで「そういう中にあっても驚異的に頑張り続けているアクティブファンドもある」と例に出される一つが、141頁の**図表7-8**のBファンドです。

　ファンドが設定された初期からの推移グラフしか情報として提供されていないため、そう思うのも無理有りません。筆者もこのグラフを見て、ずっと後になってから買い始めた一人です。確かに、その後から買い始めてもインデックスに負けないぐらいに頑張っているファンドですが、初期からのグラフを見てグラフの盲点にはまり、将来に期待を膨らませると現実とはだいぶ異なってしまいそうです。皆さんはこのあたりのグラフの錯覚は前項でよく理解されたことと思います。

　ところで、債券ファンドの場合は株式ファンド以上にアクティブファン

ドがインデックスファンドに勝てないように見受けます。

　そもそも債券自体の運用利回りが低い中で、プロが絡む費用を上乗せしたうえでインデックスファンドを上回る成績を納めるのは大変です。確定拠出年金の研修を引き受ける際に、提供されている商品の分析を行ってきた限りでは、債券でインデックスファンドを上回るアクティブファンドに出会ったことがありません。

　しかし、債券のアクティブファンドも、いろいろなものがあります。例えばリーマンショック後の円高の時期に柔軟に為替操作をして好成績を上げていた外国債券ファンドや、米国の格付けの低い企業の債券を集めて好成績を維持してきたような特徴あるファンド等、ニーズに応じた商品も多々あり一概にアクティブは不要とする訳にもいかないように思います。

　プロの競争と切磋琢磨こそが、この世界の成長を担ってきた訳で、また利用する側の私たちも、こうした情報の中で知識を蓄えさせてもらってきました。筆者も、コストの壁を乗り越えてインデックス運用を上回る特徴あるアクティブファンドを世の中に送り出し続けて欲しいと願っている一人です。

4 日経平均とTOPIXの違いを整理しておきましょう

■ 株価だけに左右される日経平均株価指数

インデックスのなかでも、日経平均とTOPIX（東証株価指数、トピックス）の2つは特に日常的に目に触れ、その違いをよく質問されるので簡単に整理しておきます。

日経平均は一部上場の約2,000社のなかで代表的な銘柄225社の株価の平均を出しています。

その際、実は単純に平均を出すのではなく調整をした数字を使っています。理由は、日経平均の銘柄は定期的に見直され入れ替えが起こるのですが、株価が大きく違う銘柄と入れ替われば日経平均がこれまでと違った数字になってしまうからです。

日経平均は計算も単純で分かりやすく、金融取引で広く使われていますが、不合理なところもあります。東証一部上場銘柄の一部しか関わっておらず、ユニクロのような株価の高い銘柄（値かさ株）が多いので、これらの一部の価格が動くと日経平均が大きく変わってしまいます。

また、自動車、電気、銀行の様に発行株数の大きい銘柄と、発行株数の少ない銘柄との違いが反映されません。

■ 時価総額で量るTOPIX

TOPIX（東証株価指数、トピックス）は、一部上場の全銘柄について、各々の発行株数と株価を掛け合わせて時価総額を出し、その総合計を銘柄数で割った数字を使っています。

1968年1月4日の時価総額を100として現在いくつか？これがTOPIX

です。

　全銘柄を反映しているので実態に近いとされ機関投資家の多くはTOPIX
を指標としています。ただし、TOPIXは時価総額を対象としているので発
行株数の多い、いわゆる大型株の銘柄の動きに影響されやすくなっていま
す。

5 バランス型ファンドの欠点も 積立だと違った結果が!

■ 初心者向きのバランス型ファンド

　企業が実施している確定拠出年金の加入者のほとんどは「投資なんて考えたこともない」という初心者です。それだけにすべてお任せで済むバランス型ファンドは確定拠出年金向きの商品といえます。

　しかし、すでに説明したようにバランス型ファンドはいろいろ欠点もあります。

　まず、コストが高くなります。それから配分比率が決まっているので自分の都合で比率を変えるわけにはいきません。

　このコストについては、自分でインデックスファンドを組み合わせた方が有利だということがよくいわれています。そこで、この点を検証してみましょう。そして積立の場合だったらどうなのだろうか？という点も確認してみましょう。

　図表8-9は、確定拠出年金を導入したある企業のバランス型ファンドの一例です。バランス型ファンドは、株が多いもの（70％とか75％）、約半々のもの、債券が多いもの（70％、75％）の3つは必ず用意されています。

■ インデックスファンドを組み合わせた場合との比較をみると！

　ここでは、株式と債券が約半々の、いわゆる標準型のものを取り上げてみます。

　この商品の信託報酬は1.10％ですが、これをこの会社が採用しているインデックスファンドを使って同じ構成比率にしてみると信託報酬は

0.21％で済んでしまいます。この場合は、実に年間0.89％も利益の差となり長期ではかなりの差になってしまいます。

（ちなみにこの会社が提供されているインデックスファンドの信託報酬は日本株式が0.25％、外国株式が0.25％、日本債券0.16％、外国債券0.23％です）。

このバランス型ファンドの資産構成の場合、企業年金連合会（大半をインデックスファンドで運用）なら長期で3.8％を期待リターンとしていることになります（全体の5％を占める短期商品の利回りは0％で計算しています）。ここから、0.89％を引いたものが、実質実的なこのバランス型ファンドの期待リターンだとすると、もし100万円をスポットで投資して30年経ったら、企業年金連合会なら306万円、このバランス型ファンドでは236万円位の差になってしまいます。

積立の場合でも毎月1万円を積み立てて、利回りの差で単純に計算するだけなら664万円と571万円ほどの差になり、一般的に言われるようにインデックスファンドを組み合わせた方が断然有利ということになりますが、積立の場合、過去の運用実績はどうだったのでしょう。

図表8-9のグラフはバランス型ファンドとインデックスファンドを組み合わせた場合の過去の運用実績です。

左の図はスポットで投資したときの実績です。当然ながら両者の差がはっきり出ています。しかし右の図の積立の場合の実績ではスポットのような顕著な差が認められず、ほとんど同じ動き方になってしまいました。

毎度の話で、もう皆さんが百もご承知の通り、運用の低い時期に口数をより多く買い込めているせいで差が出にくいといういつものパターンですね。

グラフの右側にこの時点での利回りを記していますが、これは毎日変わる数字なので意識しないでください。

他のバランス型ファンドも（株の多い方のバランス型ファンドも、少な

あるバランス型ファンド（標準型2003年3月〜2017年9月）

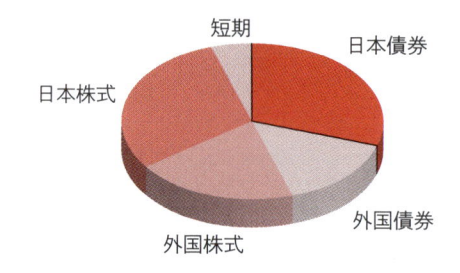

日本債券	30％
外国債券	15％
外国株式	20％
日本株式	30％
その他	5％

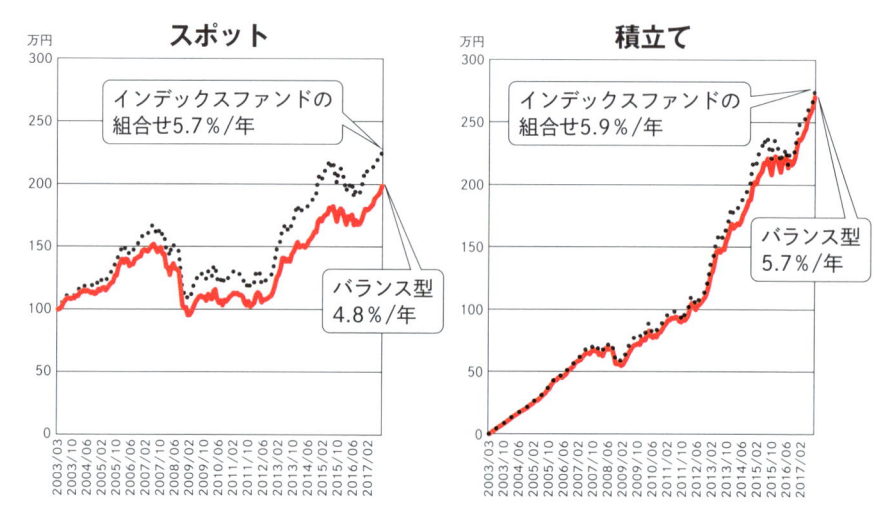

い方も）同様の傾向です。

　こうしてみると、積立運用で「バランス型ファンドを選ぼうか」、「インデックスファンドを組み合わせて使おうか」を考える際は、コスト的に有利か否かよりも「年に一度はリバランスする手間をかけても、組み合わせを自由に変えられる方がいい」と思うか、それとも「お仕着せの資産構成で自由度はないが、放ったらかしにできる方がいいか」という選択肢になるのではないでしょうか。

　筆者が研修をやると、圧倒的多数の人が個別の組み合わせを選びます。

しかし、特に中小企業や少人数の企業は、導入した後で社員を集めて継続研修をやるのが難しいのが実情です。「放ったらかしにして資産配分の割合がバラバラになっていないだろうか」と不安を覚えます。バランス型を買ってくれている方が筆者としては気が楽です。

■ 30年40年の長期で積み立てた場合、積立はどうなるのだろう？

本項に限った話ではないのですが、筆者が検証できていない課題です。積立も長期になると、過去に溜め込んだ口数が相対的に大きくなるため、スポット的な要素が強くなり積立独自の動きが徐々に重たくなってきます。日本の投資信託は確定拠出年金が始まった2001年以降に急激に増えはじめました。本書で分析しているのは精々20年位までのスパンであり、30年、40年前から今日まで続いているような投資信託を探しえず、超長期の場合、いろいろなケースの山谷を経験する中で積立とスポットでどのような違いを発揮するのかについては検証ができていないことをお断りしておきます。

6 運用会社が破たんしたら？

■ 資産は時価で守られます

「投資信託を買って運用会社が破たんしたらどうなるの？」という質問をよく受けます。

図表8-10でお金の流れを説明します。

たとえば証券会社の窓口に行って投資信託を買いました。その証券会社の口座に振り込んだお金は信託銀行に送られ、信託銀行に設けられた口

図表8-10 運用会社が破綻したら私のお金はどうなるの？

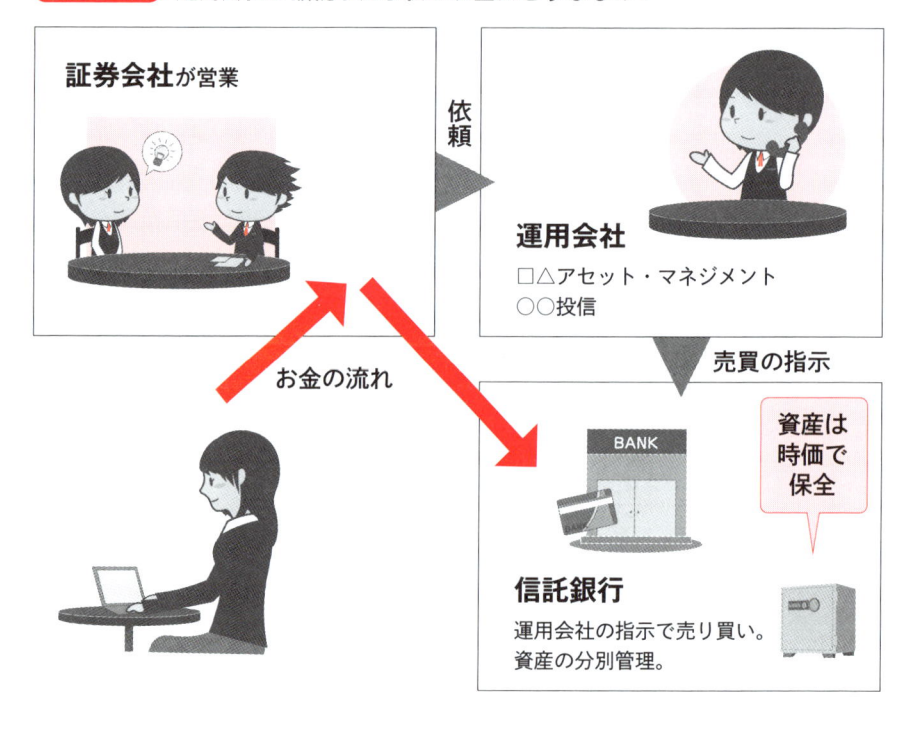

座のお金は国の厳しい管理の下で信託銀行の財産と分別して管理されます。

　運用は証券会社から依頼された運用会社が行いますが、運用会社が直接現金を預かって銘柄の売り買いをする訳ではありません。運用会社は信託銀行に対して、売り買いを指示するだけです。その信託銀行が破たんしても信託銀行の資産とは区別して管理されていますので、これら関係するすべての会社がつぶれても投資家の資産はその時の時価で守られることになります。

　これが信託銀行でなく普通の銀行ですと、いわゆるペイオフの法律が適用されて、確実に保全されるのは1,000万円までで、後は破たん処理の過程でいくら戻ってくるかが決められます。

　こうしたことから、NISAでも確定拠出年金でも、加入者のお金は信託銀行で保全される仕組みがとられています。

7 リバランスは どうやったらいいの?

■ わかりにくければコールセンターを利用しよう!

「リバランスって、要は"増え過ぎたものを売って、足りないものを買う"、それだけのことですから、話はわかりますが、今までやったことがないので具体的にどのようにしたらいいのかイメージが湧きません」という質問をよく受けます。

そこで、**図表8-11**にMさんのリバランスの事例を示します。

図中の①に示すように、MさんはA、B、C 3つの商品に投資していて、現在の資産残高は360万円です。それぞれの残高と全体に占める資産の割合は図に書き込まれたとおりです。

いま、Mさんは②のような配分割合に変えたいと思っています。

そこで、残高360万円を②の割合に配分し直すと、それぞれを③のような資産額にする必要があります。

Aは198万円必要なのに、現在は150万円ですから48万円不足しています。

Bは必要額90万円に対して110万円ありますから20万円多すぎます。

同様にCは28万円多すぎることになります。

したがって、ネット、あるいはコールセンターで「Bを20万円売ってAを買う」「Cを28万円売ってAを買う」と2つの指示をする、これだけの話です。

ただし、筆者たちの扱う確定拠出年金では、「Bを何口売ってAを買え」という指示をする必要があります。一口当たりの価格は表示されていますので売る金額を口数で割ればいいだけの話ですが、面倒ならコールセン

ターに電話して対応してもらえば事足ります。ネット証券などで投資信託を買った場合も、コールセンターを活用してください。

図表8-11 Mさんのリバランス例

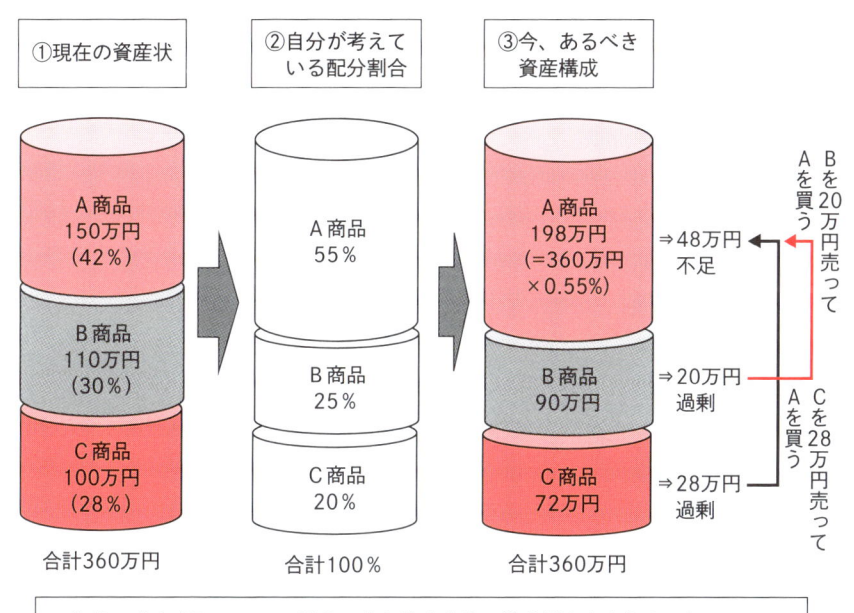

①現在の資産状	②自分が考えている配分割合	③今、あるべき資産構成
A商品 150万円 （42％）	A商品 55％	A商品 198万円 （＝360万円 ×0.55％） ⇒48万円不足
B商品 110万円 （30％）	B商品 25％	B商品 90万円 ⇒20万円過剰
C商品 100万円 （28％）	C商品 20％	C商品 72万円 ⇒28万円過剰
合計360万円	合計100％	合計360万円

AをBを20万円売ってA商品を買う

AをCを28万円売ってA商品を買う

> 参考　「リバランス」…貯えてきた資産全体の構成割合を変えること。
> 「配分指定」……掛金をどういう資産に振り分けるかを指示すること。

■ リバランスは大ざっぱでいいから、継続することが肝心！

　リバランスする際は神経質にならないで、「5％程度のずれはそのままにしておこう」とか、ごく大ざっぱに考えれば十分です。ファンドを運用する人たちも、この程度のバラツキではリバランスしないで、毎月入ってくる掛金をどの資産に重点的に割り当てるかで調整したりしています。そのほうがコストもかかりません。

　資産運用で一番大切なのは、自分の資産構成を決め、放ったらかしにしないで、その配分を守っていくことでした。几帳面に対応するよりも、

雑でいいので継続していくことが大切なわけです。

　それが面倒なら、いろいろ制約があってもバランス型ファンドを選択することになります。

　なお、運用の指示には、2つのやり方があります。

　一つは、上記の"リバランス（スイッチングとも呼ばれています）"で、残高を変更する指示です。

　もう一つは、毎月の掛金で何を買い付けるかの指示で、"配分指定"などと言われています。これらを必要に応じて変更しながら、運用していきます。

8 債券とはどういうものか よくわからない?!

■ 債券は、国や公共団体、企業が借金をした借用書!

　債券市場とは、国債、地方債、企業が発行する事業債等のいわゆる債券全体の市場のことです。国や地方自治体等が財政の補てんをしたり公共施設をつくったり、企業が事業発展のために、銀行を通さないで、自分の信用力を担保に投資家から直接、資金を調達した借用証書が債券です。将来、利息を付けて返してもらえる証書ですから売買の対象になります。

　借り手（債券を出す側）は銀行を通すよりも安く借りられ、貸し手（債券を買う投資家）も預金よりも高い利息でお金を貸し付けられます。もし借り手が破たんしたら紙屑になってしまう訳ですから銀行が間に入って元利を保証してもらえる預金より、高い利息が付いて当たりまえです。

　債券の利回りも信用力によって当然違ってきます。アメリカの国債とギリシャの国債が同じ利息だったら誰もギリシャを買いませんよね。

　債券のインデックスも、指標に組み入れる銘柄は、例えば企業（事業債）なら格付けがＡ格以上で10億円以上を発行している企業という風に枠制限を設けています。

■ 債券のしくみ

　図表8-12に債券の代表的な仕組みを示します。

　①は"利付債券"と呼ばれるもので、日本発行されている債券のほとんどは利付債券です。

　例えば、「額面が100円で利回り1％の10年債券」という場合は、毎年1円（額面の1％）の利息（クーポンと呼ばれています）が払われ、満期

の10年目に額面の100円が支払われものです。

②は割引債とよばれ、外国ではいろいろな割引債が発行されています。

割引債の方が仕組みが単純なので、利回りと債券価格の関係をこちらの図で説明します。

割引債は、途中のクーポンがつかず、「額面100円、利回り1％の10年債券」といったら、1％/年の利回りで10年後に100円になる価格（90.5円）が購入価格となります。

図に記載したように利回りが高いほど購入する債券価格は低くなります。逆に、マイナス金利だと額面よりも買った値段の方が高くなって（いわゆる逆ザヤになって）しまいます。

債券は満期（償還期間）を待たず途中で日常的に売り買いされます。売買価格は上記のようにその時の金利情勢で違ってきます。

このように**債券は"金利と価格が逆に動く"**ことだけは覚えておいてください。

ですから、買うときは金利が高い（低値で買える）方が有利。逆に、売るときは金利が低い（高値で売れる）方が有利ということですね。

図表8-12 債券のしくみ

①利付債券：額面100円、利率１％の10年債券の場合

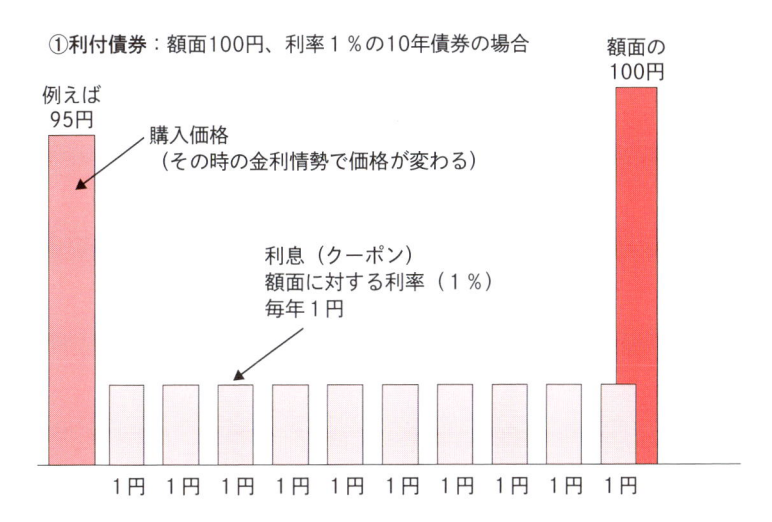

この場合は、95円で買って、毎年１円づつの利息（10年で10円）が付いて、最後に額面の100円が支払われる。（参考：この場合の債券利回りは1.57％）

②割引債：額面100円、利回り１％の10年債券の場合

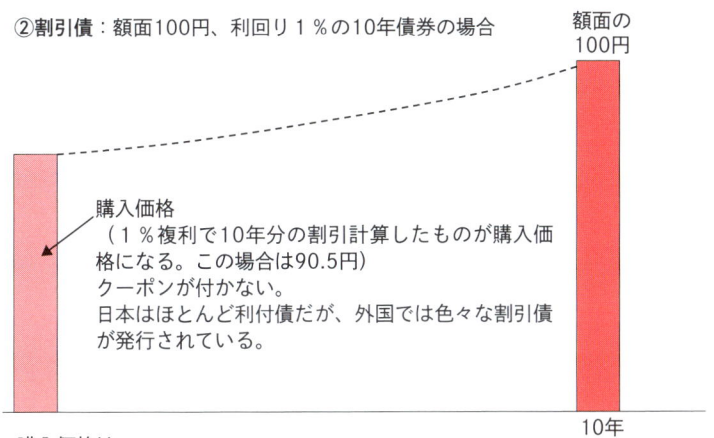

購入価格は

利回り３％なら74.4円	利回り０％なら100円
利回り２％なら82.0円	利回り−0.5％なら105.1円
利回り１％なら90.5円	利回り−１％なら110.5円

債券は金利が上がると、価格は低くなる。

個人の制度の選択方法を
整理してみましょう

「確定拠出年金？　つみたてNISA？　NISA？　それともネット証券等で普通に購入？……将来に備えてこれからどういう制度を活用しようか？」……本章では、こうした課題を要約整理してみます。

1 毎月コツコツ積み立てていきたい

　最初に決めることは“毎月コツコツと積み立てていきたい”のか、あるいは“今、あるいはこれから先の任意の時期にスポットで投資したい”のか、これによって当然ながら選択方法が分かれてきます。

　本章の流れは**図表9−1**にまとめています。

■ 検討の手順は？

(1)　まず、将来のどの目的のために毎月いくらぐらいの準備が必要かを確認する必要があります。将来の年金生活の準備については本書の最後の章で試算します。その他、子供の将来の学費、将来の開業資金、大病を患った時の備え等、いろいろな目的があると思います。

(2)　次に、各制度の長所短所を確認し、自分の目的にかなっている制度かどうかを確かめたうえで、どの方法を選ぶか、あるいは複数の制度を併用することになります。検討する順番は以下の(3)→(4)→(5)ということになるでしょう。

(3)　税制面でもっとも優遇されているのは「**確定拠出年金**」です。掛金が非課税、運用益も非課税、給付も所得控除が適用されます。

　でも、年金づくり専用の制度ですから途中で引き出せません。掛金もそれほど多くは掛けられません。

(4)　その次に税制優遇されている制度が「**つみたてNISA**」です。

　運用益が非課税になります。自分の目的に沿いそうなら、この制度を活かしたいですね。

(5)　最後に来るのが通常の投資手段で、手数料の安さを優先するなら「ネット証券」、対面で話し合いながら商品を決めたいなら「証券会社等

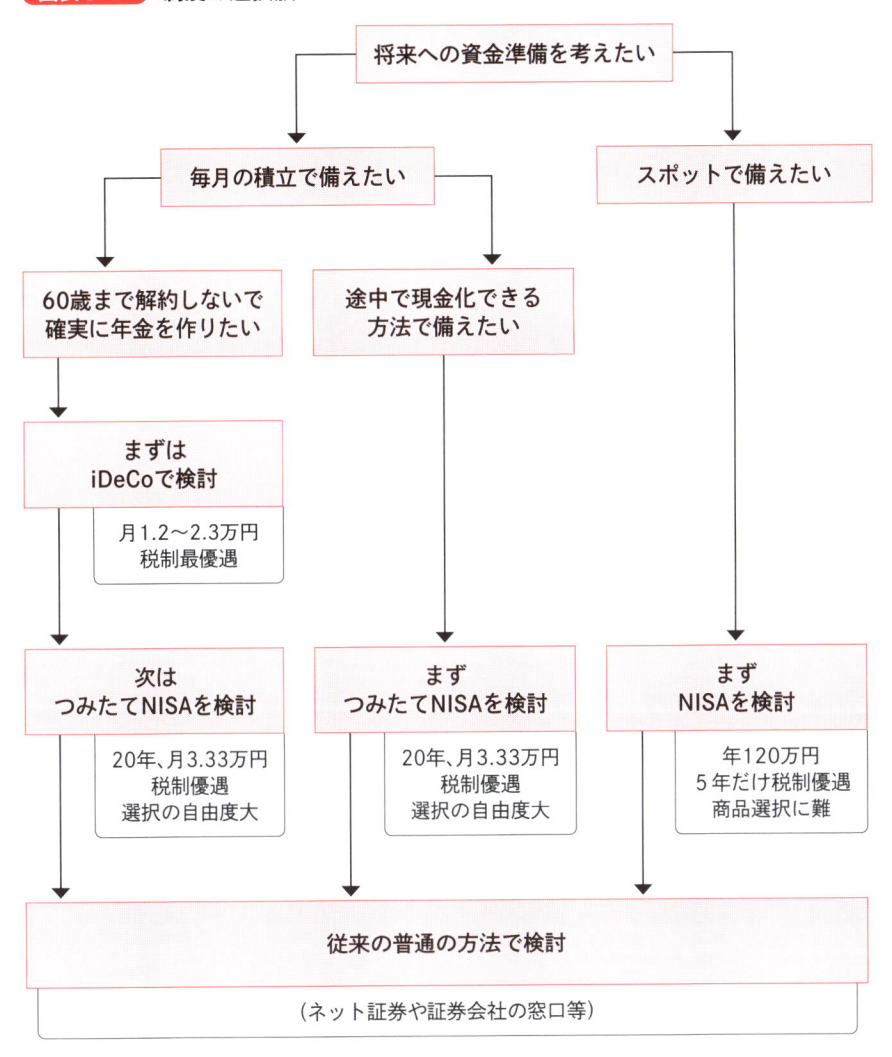

の窓口」ということになるでしょう。ただし、対面となるとどうしても金融機関の売りたい商品（販売手数料や信託報酬の高い商品）を勧められがちにはなりますが。でも、せっかく金融機関に申し込むなら、条件の許す限り税制優遇のある(3)(4)を活用したいですね。

■ 個人型確定拠出年金のメリットと制約は？

　確定拠出年金は略して**DC**と呼ばれています（Defined Contributionの略で、掛金拠出の方法が決まっているという意味です）。確定拠出年金は企業で実施する企業型と個人で加入する個人型に分かれています。国は確定拠出年金を公的年金の補完役の柱として位置づけ、2017年より現役世代の総ての人が個人型に加入できるように法律を改定しました。同時に愛称を公募し**iDeCo**（イデコ、individual typeのDCの略）の愛称で普及に注力しだしています。

（1）iDeCoのメリット

　iDeCoの最大のメリットは、掛金が非課税、運用中も非課税、将来受け取るときも一時金で受け取るときは退職得控除、年金で受取るときは公的年金等控除の対象になり税制上、非常に有利な自分年金づくりができることです。税制を優遇する代りにいろいろと制約条件もありますが、年金づくりを目的にするならば、つみたてNISAよりずっと使いよい制度です。

（2）iDeCoの制約条件

・60歳まで解約できません！

　最大の制約は60歳までは中途解約して現金化することができないことです。しかし一方、長い人生の中で途中に引き出せるような制度では、とても年金づくりなんてできません。この点を天秤にかけて考える必要があると思います。

　（iDeCoは途中で掛金を増減させたり、支払いを中断させ運用の指図だけを行ったり、また払込を再開させることはできます）。

　加入は60歳まで、支給開始も60歳からとなっています！……年金でも一時金でも受け取れます。60歳ですぐに受け取ることも、また運用しなが

ら70歳になる前まで据置いたのちに年金なり一時金で受け取ることも可能です。加入期間が10年未満の人は加入期間に応じ受給開始が61歳から65歳までの間にズレこみます。

・掛金に上限があります！

自営業者は国民年金基金との合計で年間81.6万円（月6.8万円）まで掛けられます。専業主婦は年間27.6万円（月2.3万円）までとなります。

ややこしいのは会社勤務の場合です。

会社に他の企業年金（厚生年金基金や確定給付企業年金）がなければ年間27.6万円（月2.3万円）、あれば年間14.4万円（月1.2万円）。会社が実施している確定拠出年金（企業型）がある場合は年間24万円（月2.0万円）まで掛けられるのですが会社のDC制度そのものを変える必要があるので簡単にはいきません。このように、条件によって掛金上限が変わるので金融機関にiDeCoを申し込むときは会社に証明書を書いてもらうことになります。

・管理料がかかります！

金融機関によって異なりますが年間数千円が残高から差し引かれます。

ですから、預金や元本確保商品のように、現在ほぼゼロ金利の商品で運用したのでは持ち出しになりかねません。

・商品も限られます！

一般的には十数本の商品の中から選択することになります。

■ つみたてNISAを活用する

NISAの正式名は少額投資非課税制度（Nippon Individual Savings Accountの略）。NISAは2014年から始まったスポット投資の制度と2018

年スタートのつみたてNISAとがあり、両方を一緒に使うことはできません。

　NISAの掛金は年間120万円までで5年間、運用益が非課税、つみたてNISAは年間40万円（月3.33万円）までですが、20年間、運用益が非課税で続けられます。従来のNISAの投資信託は、販売手数料がかかるとか、インデックスファンドを選べなかったり、信託報酬の高い商品が多かったりと金融機関によって商品はマチマチでした。

　一方、つみたてNISAは国が関与して、販売手数料は無料（ノーロード）、信託報酬も上限を設けてアクティブファンドが入りにくいような低コスト商品に限定され、長期の積立に向くように大幅改善されました。iDeCoのように運用中の管理費用（事務費）もかかりません。

（1）つみたてNISAのメリット

　60歳まで解約できないiDeCoと違って、途中で解約して現金化できるし、少額ずつ低コストでコツコツといろいろな目的のために積み立てていける非常に有利な制度と言えます。

（2）つみたてNISAの制約事項

・債券ファンドを買えません。

　もともと、この制度は金融庁の管理のもとで株式市場にお金をシフトさせようという意図ですから、投資信託は内外の株とバランス型だけで、債券のみの商品は入っていません。債券を組み入れたければバランス型ファンドを買うしかありません。

・リバランスがしにくい制度です

　iDeCoは「A商品をいくら（何口）売って、B商品を買え」というようにiDeCoのシステムの中の一連の操作だけでリバランスを行えました。しかし、つみたてNISAはこれができません。

A商品（あるいはA商品の一部）を売却して、一度、現金で受け取ってから、改めてB商品を買うという煩わしい作業になります。

　例えば、KさんはA商品とB商品を1：1の割合で持とうと思っています。

　ところが、ある時、A商品は100万円、B商品は70万円にバラついてしまいました。そこで、KさんはA商品を15万円売り、B商品を15万円買い足すことで85万円ずつにリバランスすることにしました。

　つみたてNISAは月に約3.33万円までしか買い付けできませんが、ボーナス月を設ければ、年間40万円の枠まで買い付けられます。

　しかし、15万円を買い足すことでリバランスはできたとしても、Kさんは年間40万円の枠の大部分を費やしてしまい、今年はもう新たな買い付けをする余地がなくなってしまった……こんなケースも十分考えられます。

・分配金再投資をする際にも難があります。

　再投資する分も40万円の購入枠に入りますから、その分だけ枠が小さく　なってしまいます。分配金が出されたため、途中で40万円を超えてしまい、それ以上の買付けができなくなってしまうことも考えられます。

・はたして長期の年金づくりに適した制度かの疑問も

　堅実に年金づくりをするには、一般的には債券も含めたポートフォリオを作り、分配金再投資を前提に、リバランスしながら資産配分割合を維持していくことになります。しかし、単に有利な投資手段と割り切って活用するならともかく、年金づくりを目的とした場合のつみたてNISAは上述のようにかなり制約があるため、例えば、リバランスが不要なバランス型を選ぶとか、iDeCoとあわせて全体でバランスを考えていくとか、比率の下がった方の商品に重点的に掛金を投じることでリバランスを避ける等の工夫が求められます。

2 スポットで投資したい!

■ NISAを活用

2014年からのNISAの申し込みの期限は2023年まで。投資しだしてから5年間だけですが年間120万円まで非課税で投資できるという点では活用したい制度です。

ただし、選べる商品は金融機関によって異なりますが、商品のラインナップにインデックスファンドが1本もないところもあります。

NISAは株式、上場投信(ETF:注下記参照)と投資信託を扱っていますが筆者が確認している範囲では投資信託の方はつみたてNISAと異なり販売手数料がかかります。

証券会社等に申し込む際は商品をよく確認して、自分の意図にあった商品を選べるか検討してください。

(注)上場投信とは?

上場投信は略称でETFと呼ばれています。

一般の投資信託とはちょっと異なった概念でいろいろなインデックスをファンドにしています。投資信託は現在4,000本ほどの商品が売られていますが、ETFは200本強で年々増えています。

投資信託はその日の市場が閉まったあと夜間に計算して価格が決定するのですがETFは株式のようにリアルタイムで取引できます。購入できる価格も投資信託と同じように、段々少額で買えるようになってきています。

ポイントは、管理費用が安いこと。そして株式のように指値で扱えること等ですが、最近は投資信託のインデックスファンドの信託報酬も安く

なってきており一概にETFがコスト的に有利ともいえないようです。

　ETFは仕組み上、積立に不向きということで、一部の証券会社を除きスポットの扱いにならざるを得ません。つみたてNISAではETFはごく一部の証券会社でしか扱っておりません。

　本書では、積立投資を中心として、老後に備える自分年金づくりをテーマにしているため、ETFについては、これまで触れてきませんでした。

■ スポットでも短期積立の買い付けを提案しているアドバイザーも！

　スポット買いを希望する顧客に対してこんな購人の仕方を指導している知人がいます。さて、皆さんだったらどう考えますか。

　この方は、スポットで購入したい投資家に対し、2年程の期間で積立購入を勧めています。「自分のことならリスクを取る。でも、人に勧めるのは慎重にならざるを得ない」。リーマンショックのあとで、味わった辛い経験からの教訓だと思います。

　利点は、購入後に市場が急落したら、積立の特徴を最大限に発揮できることです。顧客も感動することと思います。反面、今（2017年後半）のように、市場が急騰し続けていく時は安値で買える機会を失うことになります。買い付けの期間も短すぎるとスポット買いと同じになってしまうし、長過ぎるとスポットではなくなってしまいます。2年がいいのか3年がいいのか、難しいですね。結局、顧客にとってどっちの局面の方が、ショックが大きいかという観点からの判断でしょう。皆さんだったらどう考えますか？

3 制度によって将来の受取額はどの程度違ってくるのだろう？

　ここまで、"どんな制度を選択しようか"について考えてきましたが、本項では、制度の違いで将来の手取りにどのくらいの差が出そうなのかを確かめてみましょう。

　スポットの投資を前提とした従来のNISAは投資期間が5年と短く、iDeCoはスポットで投資できません。したがって、積立投資で各制度を比較してみます。

　期間は、つみたてNISAの最長期間の20年とし、掛金は月2万円としてみましょう。2万円とした理由は、ライフプランを立てると、負担できる金額としてこのぐらいを意識するケースが多いからです。

　長期で期待する利回りは、債券ファンドが選べないつみたてNISAの特質にあわせて、5％/年に設定してみます。

　選ぶ商品はインデックスファンドで、iDeCoやつみたてNISAと同様に、普通に証券会社で買う場合も販売手数料はかからない（ノーロード）とし、決算は年1回。利益の3割が分配金として支払われ源泉分離課税（20.315％）された残りを再投資していくものとします（なお、シミュレーションしてみるとこの程度の低目の利回りでは分配金をどのくらい出すかで残高はそれほど影響されません）。

　図表9-2に示すように元本は20年間で延べ480万円。

　ネット証券等で普通に購入する場合は、決算毎に分配金に課税され、解約する際は残高と元本（この場合は掛金と分配金を再投資した分）との差に課税され、手取りは733万円になります。

　これに対して、つみたてNISAは分配金等に非課税のため、815万円になります。

iDeCoの場合は、掛金そのものが非課税（会社勤めの人は年末調整、その他の人は確定申告）なので、さらに有利になります。会社勤めの人の場合は税金が給与所得の６％として、２万円に６％を上乗せした2.12万円を掛金としても、負担感は同じとして計算すると864万円になります。

　iDeCoは、将来受給する時に課税されますが、一時金で受け取る場合は退職所得控除、年金で受け取る場合は公的年金等控除の対象となります。加入期間が20年ですと退職所得控除は800万円になりますので、上記864万円への課税は５万円弱で手取りは859万円となります。

　iDeCoは中途で解約できなかったり（そのかわりに確実に年金が作れますが）、毎年管理費用（年間2,000円〜7,000円程度）がかかりますが、それでも最優遇されているだけに自分年金づくりが目的なら、上手に活かしたらどうでしょう。

図表9-2　制度選択の違いによる将来の受取額の比較例

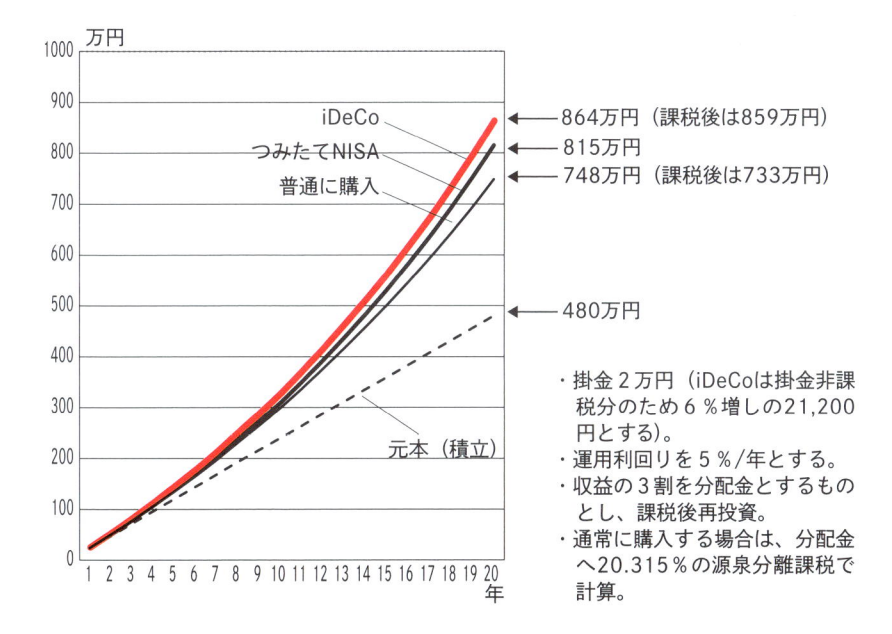

・掛金２万円（iDeCoは掛金非課税分のため６％増しの21,200円とする）。
・運用利回りを５％/年とする。
・収益の３割を分配金とするものとし、課税後再投資。
・通常に購入する場合は、分配金へ20.315％の源泉分離課税で計算。

第10章
法人の企業年金・退職金の選択肢を整理してみましょう

前章は個人を対象としましたが、本章は企業の人事担当者を対象としています。企業の制度に関心のない方は読み飛ばして次章（ライフプラン）にお進みください。

「確定拠出年金を含め会社の制度を検討しているのだけれど、いろいろな制度があるので、どのように考えたら良いのかサッパリわからない」「確定拠出年金を検討したいのだが、ウチの社員に投資なんてできるのだろうか」…企業年金や退職金の制度は、将来へのお金の準備ですから、しくみの理解だけでなく資産運用面からの検討がとても大切です。しかし、しくみと運用を一体に捉えた初歩的な解説はほとんど見かけません。

本章では筆者の経験をもとに、中小企業に重点を置きつつ企業担当者のための企業年金・退職金をコンパクトに整理してみます。

なお、今後の主流になる確定拠出年金には少し頁を割きました。

1 制度の全体像

■ 企業年金・退職金制度のトレンド

　ここ数年、企業年金制度を取り巻く環境は目まぐるしく変化しています。平成24年に適格年金が廃止になりました。平成26年には厚生年金基金（当時で約10万事業所、加入者約400万人）を5年で実質的に廃止させる法案が成立。大手中堅企業の中核制度となっている確定給付企業年金も積立不足で苦しみ抜いた挙句、積立不足の起こらない確定拠出年金にできる限り移行させようというのがトレンドになっています。そして退職金・企業年金全体が横ばい状態のなかで確定拠出年金だけが急激に増加し続けているのが現状です。また確定給付企業年金も確定拠出年金も毎年のように法改訂が行われ、制度内容が次々と追加変更されています。

■ まず制度全体のイメージをつかむことが肝心！

　厚生年金基金が廃止になる際も、中堅以上の企業は早めに対策を固めていましたが、中小企業の多くは、「このあとを、どういう制度にしたらいいのかサッパリわからない」「何だかわからないから、やめて終わりにしよう。もう積立不足だけはコリゴリだ」「なんだかわからないから基金の言うとおりにするよりしょうがない」。筆者もいろいろアドバイスに関わってきた一人ですが、こんな状況が大半の企業の現実です。

　何事もそうでしょうが、おぼろげながらも全体が見えてこないと、判断のしようがありません。個々の制度の話をする前にまず、退職金・企業年金の全体像を把握してみましょう。

　図表10-1は、「制度は何もやらない」という選択肢もふくめた全体像

です。

　図中の１から３が企業年金制度、４～６が退職金制度と呼ばれています。

　このうち、比較的少人数の企業の場合は、**図中の３～６**が一般的な選択肢といえます。それでは個々の制度を駆け足で説明いたします。

図表10-1 企業年金・退職金の全体像

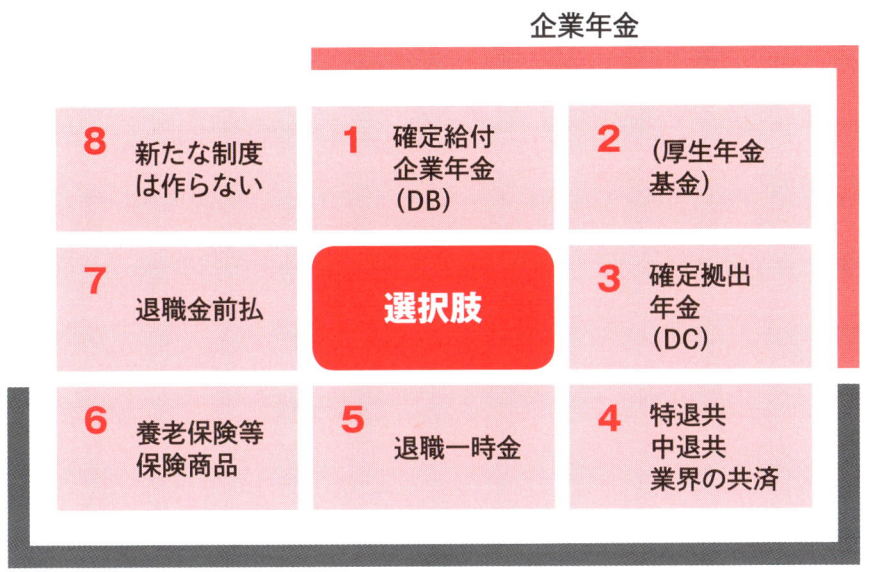

2 企業年金制度のポイント

■ 大手中堅企業の中核をなす「確定給付企業年金」(DB:Defind Benefit)

　予め将来の給付方法を定めているので「**確定給付企業年金**」と呼ばれています(以下、DBと記します)。厚生年金基金の代行部分のない制度で、厚生年金基金と同様なルールで毎年財政状態を検証し、「今の資産と将来に見込める掛金収入で、将来の給付を賄えそうか」、「いま解散しても加入者の過去の勤務期間に応じた給付の原資をきちんと確保できているか」の両面から数理計算し、積立不足が続くと一定のルールに沿って追加拠出が求められます。

　確定拠出年金(以下DC)や中小企業退職金制度(以下、中退共)、特定退職金共済制度(以下、特退共)と違って掛金に上限枠がないため、多額の退職金を用意しなければならない中堅大手企業の中核を担ってきました。

　DBも厚生年金基金も、かつては5.5％で運用できることを前提に掛金を決めていましたが、現在は掛金負担が2倍以上になる2〜2.5％の運用を前提にしています。

　それでも、本業に関わりのない資産運用の好不調で企業財務が振り回されるリスクを避け、前述のようにDCに移行させる動きが大手を中心にトレンドになっています。

　社員にとっては、会社が傾かない限り、何も考えないでも退職金が保証される制度ですが、企業は積立不足の問題を常に抱え続けることになります。

■ 解散が進む厚生年金基金

いま話題になっているのは中小企業が業界単位で、何百社も集まって作った総合型と言われる厚生年金基金で、その大半が既に国に代行部分を返上し、廃止に向かっている最中なので、制度の説明は割愛いたします。

国に代行部分を返上したあと未だ多額の資金が残っている基金はDBへ移行を計り、資産があまり残っていない基金は解散せざるを得ないということになります。

■ 自分の将来は自分で備える確定拠出年金 (DC：Defined Contribution)

企業型DCは、先細りしていく公的年金の補完役の柱として個人型DCのiDeCoと共に国が注力している制度です。iDeCoの普及もあって企業型も徐々に知名度があがってきているようですが、中小企業にとって、まだまだこれからの制度です。

大手中堅企業の企業年金・退職金の主役を任ってきたDBは1.3万社818万人（平成29年9月末）に対して企業型DCは2.8万社632万人、iDeCoは63万人（平成29年8月末）。DCは加入者数が急増し続けており、遠からず企業年金の主役を担うと考えられます。

少子高齢化に伴う人材採用難時代に向けて、特に中途採用をする上で企業型のDCは避けて通れない検討課題になってくると思われます。

また、DCはまさに本書の個人の資産運用と直結している制度であり、急速に普及していく制度ですので、本章の後半で項を改めて詳述します。

3 退職金制度のポイント

■ 中小企業の主役を担ってきた中退共、特退共

（1）中退共のしくみと特徴

中小企業退職金制度（中退共）は中小企業36万社337万人（平成29年1月末）が加入する中小企業の代表的な退職金制度です。

図表10-2は中退共の概要図です。

加入後1年未満の退職者は掛け捨て、2年までは最大でも5割、3年半までは元本分のみ。現在の予定利率である1％/年になるのに約8年、以降は何十年加入しても約束されている退職金はほぼ1％/年。ただし3年半を過ぎると運用がよければ一定のルールにそって超過分を中退共と加入者の間でシェアすることになります。

図表10-2 中退共のしくみは？

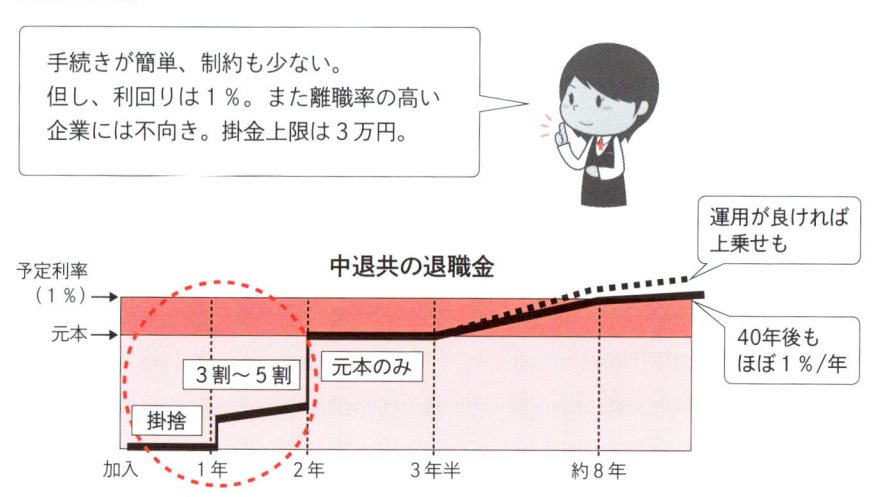

手続きが簡単、制約も少ない。
但し、利回りは1％。また離職率の高い
企業には不向き。掛金上限は3万円。

中退共の退職金

予定利率（1％）→
元本→
運用が良ければ上乗せも
40年後もほぼ1％/年
3割〜5割
元本のみ
掛捨
加入　1年　2年　3年半　約8年

手軽で中小企業向きとされていますが、図表から分かるように、比較的短期に人の入れ替わりが多い企業に適した制度とはいえません。

　約束されている利率も１％に過ぎませんが手続きも簡単、制約も少なく、何よりも業界団体等を通して周りの多くの事業所が採用しているので安心感があります。中小企業の枠を超えた場合は特退共だけでなくDB、DCへの移行も可能になりました。

（2）よく質問される中退共への誤解

　さて、中退共について過去何度か下記のような質問を受けました。

① 「中退共は手数料（事務費）が発生しないので他の制度より有利なのではありませんか？」

② 「中退共は１％が約束されているので他の制度より安心だと思うのですが？」

　上記①については、保険商品等と同じで拠出した掛金の中から必要費用が差し引かれているだけの話です。②については、今の予定利率の１％が約束されているわけではありません。過去5.5％から段階的に今の１％まで下がってきました。リーマンショック以降の長い低迷期に厚労省は予定利率を0.7％に引き下げ、運用が良い時の上乗せもしない方向で法改正する予定でしたが、安倍政権下で運用が好転したことで取り下げとなりました。積立不足に陥った時に厚生年金基金やDBのように事業主に追加拠出は求められませんが、その分加入者への給付が減らされるしくみです。

（3）特退共のポイント

　特定退職金共済制度（特退共）は、商工会議所、法人会、その他さまざまな業界団体が保険会社と提携して独自に商品として販売しているため全体の加入者数等は把握できません。

　商工会議所でも地域によって仕様が異なります。

特退共は中小企業しか加入できないという制限はなく、また中退共のように掛け捨ての期間はありません。ただし、長期での支給額は中退共に劣ります。

ある大手商工会議所の場合は、1年以内に退職しても数％しか元本割れしませんがプラスに転じるのに8年かかります。以降は何十年続けた場合でも年利0.75％程度で運用がよくても上乗せはありません。加入後13年元本割れという商工会議所もありました。特退共は退職者が中退共だけにしか資産を移換できないためポータビリティには難があります。

■ 税負担が重い退職一時金制度も目的次第で利用する手もある

退職者が出たときに、会社の資金を取り崩して、スポットで退職金を支払う昔からのいわゆる退職金制度ですが、引当金として毎年損金で落としていくことができません。しかし税制上の特典がないぶん制約もないため結構、重宝されていますが、実は非常に大きな検討課題を抱えている制度でもあります。

図表10-3は退職一時金で支給する際の企業の負担を示しています。

退職金を税引き後で用意するため、企業の負担は相当に重くなります。

例えば退職金1,000万円を用意するためには、税率を30％とすると1,430万円程を用意しなければなりません。用意できた1,000万円を退職者に支払うことで300万円は節税になるため、実質的に企業の負担は1,430万円から1,130万円に減りますが、支払った退職金以上の準備が必要ということです。

一方、税引き前で準備できる他の制度は、例えば中退共の予定利率1％であっても、企業の実質的な負担は半分で済んでしまいます。

しかし別の観点からの検討も必要かもしれません。従業員による情報漏えい等への対策として懲戒解雇者への金銭面での縛りを強化したいニーズが従来よりも強くなっているようです。中退共やDCは退職金を前払いす

る制度であり、こうしたニーズには対応できません。

　例えば、両者を半々で考えてみる等、一時金主体の企業は今の状態が最適か検討してみることも必要ではないでしょうか。

■ 生命保険に求めるポイントは？

　従業員全員を養老保険に加入させ保険料の半分を損金で落とし半分を資産計上。解約金（時価）と資産計上額（簿価）の差を含み益として内部留保しながら積み立てていく、いわゆるハーフタックスプランも広く使われています。

　図表10-4は養老保険の一例です。現在は運用利回りが極端に低いため退職年齢までの長期の養老保険は、高齢者はもとより20代で加入して

図表10-3 退職一時金の費用負担

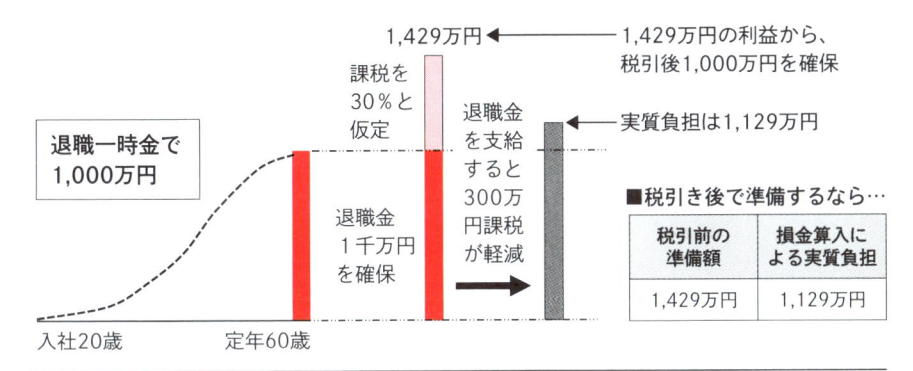

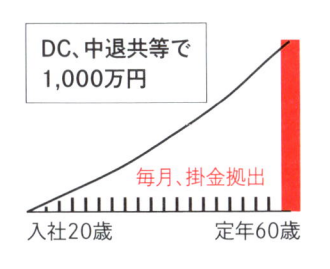

も満期まで元本割れになってしまいます。

半分損金で落ちることで負担が軽減されても何年もマイナスのうえ満期の利回りも元本を若干上回る程度に過ぎません。

退職金準備に保険を考える場合は、商品の効率性よりも経営の安定化という別の視点で判断する必要があると思います。

退職一時金制度ですと退職者が出る都度、運転資金を取り崩して退職金を捻出するので経営が不安定になりますし、損益計算書（P/L）にも特別損失として大きな穴をあけることになります。一方保険を使った場合は効率が悪いながらも退職金が用意でき、解約金（退職金）の約半分相当が雑収入となりますので、特別損失は半分程度に抑えられ、その分だけP/Lの荒れを防げます。

退職金を退職時に一時金で支払いたい場合は、退職一時金制度、養老保険、DBしかありません。DBは積立不足という別の問題も出てきます。低金利下で長期に資金を固定する保険は、運用の効率という面では非常に課題がありますが、この辺りの事情を勘案して評価することになります。

保険で、もう一つ気を付けなければいけないのは、退職年齢がどんどん後になっていくなかで満期をどう取るかです。余裕をもって保険期間を長くすれば、前半期間の元本割れの程度が大きくなってしまい難しい課題です。

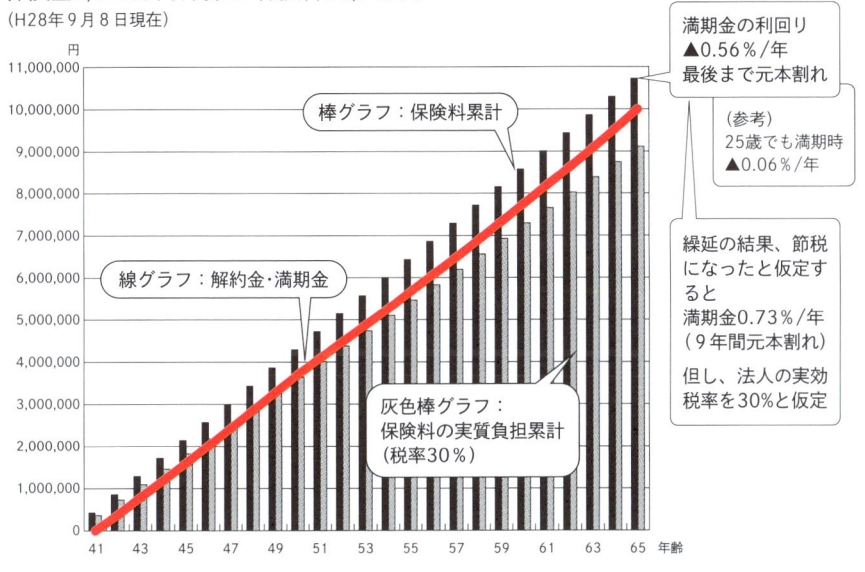

図表10-4 養老保険による退職金準備

Ｚ生保の養老保険（利差配当）／40歳男性、65歳満期
保険金1,000万円、月払い保険料35,740円

（H28年9月8日現在）

棒グラフ：保険料累計

線グラフ：解約金・満期金

灰色棒グラフ：
保険料の実質負担累計
（税率30％）

満期金の利回り
▲0.56％／年
最後まで元本割れ

（参考）
25歳でも満期時
▲0.06％／年

繰延の結果、節税
になったと仮定す
ると
満期金0.73％／年
（9年間元本割れ）

但し、法人の実効
税率を30%と仮定

4 企業型確定拠出年金の選択肢

■ 確定拠出年金（DC）の概要

　本書を手にされている方は、既にDCに関わっておられる方やDCを検討中の方も少なくないと思います。そこで、DCを総括的に整理してみます。特に、検討中の方には他書にないポイントを提供できるものと思います。

（1）仕組みを整理する

　図表10-5は、一般的なDCの仕組みです。

　一般に金融機関が引受け手（運営管理機関）となり、毎月の掛金は、信

図表10-5　一般的な企業型のDCとは？

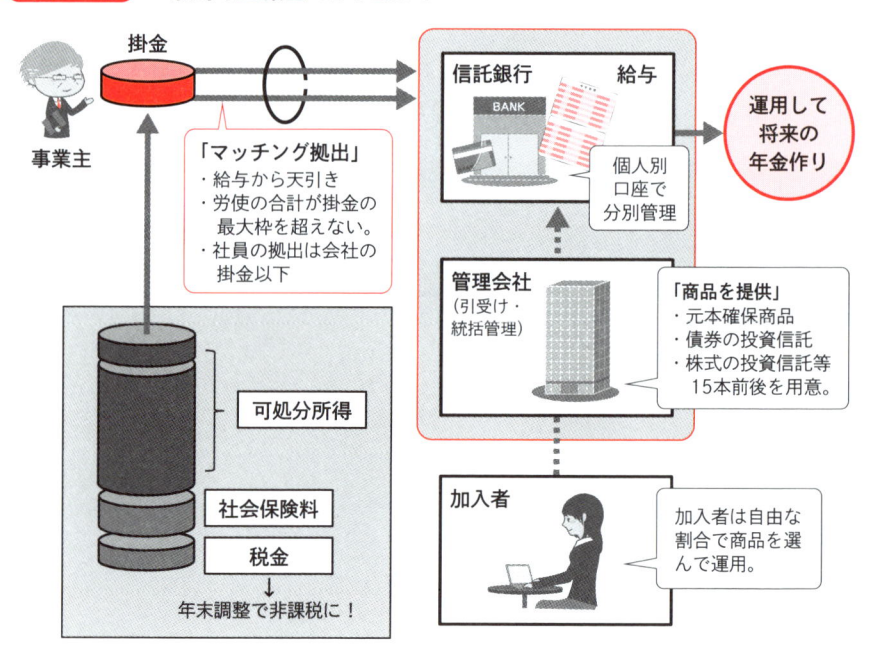

託銀行に設けられた個人毎の口座に預けられ加入者の個人資産として信託銀行が分別管理していきます。金融機関は一般に10〜20本ほどの運用商品を提供し加入者はこれらを自由に組み合わせ、ネットで変更指示しながら自分で年金づくりをしていきます。転職した際は、転職先に企業型DCがなければiDeCoに加入して継続していくことになります。将来の給付は一時金、年金、そして両方を併用することもできます。

当初は事業主しか掛金を拠出できませんでしたが、現在は加入者も給与からの天引きで掛金を出せるようになりました（マッチング拠出）。マッチング拠出分も含め掛金は非課税（年末調整）、運用中も非課税（課税凍結中）、支給時も退職所得控除や公的年金等控除の対象になるので、極めて有利に将来に備えられます。掛金には限度額があり、労使併せて5.5万円が上限になっています（他の企業年金がある場合はその半額）。ただしマッチング拠出の場合は、社員は事業主が負担した掛金以下しか掛けられないためせっかくの優遇措置も制約を受けざるを得ません。

（2）メリット・デメリット

図表10-6に長所や制約事項を記していますが、特に指摘しておきたい点を以下に補足します。

①　人材採用対策

少子高齢化で厳しい人材採用難の時代に向けて、公的年金補完の柱として国が注力しているスタンダードな制度を用意する意義は小さくないはずです。またライフプラン教育が充実でき、将来に備える社員の自立意識・安心感が高まれば社員のモチベーション、定着性向上にもつながります。

現在、正規雇用者の約5人強に1人が企業型に加入していますが、今後益々加入者が増えていくなかで、中途採用に際して前職らDCを持ち込

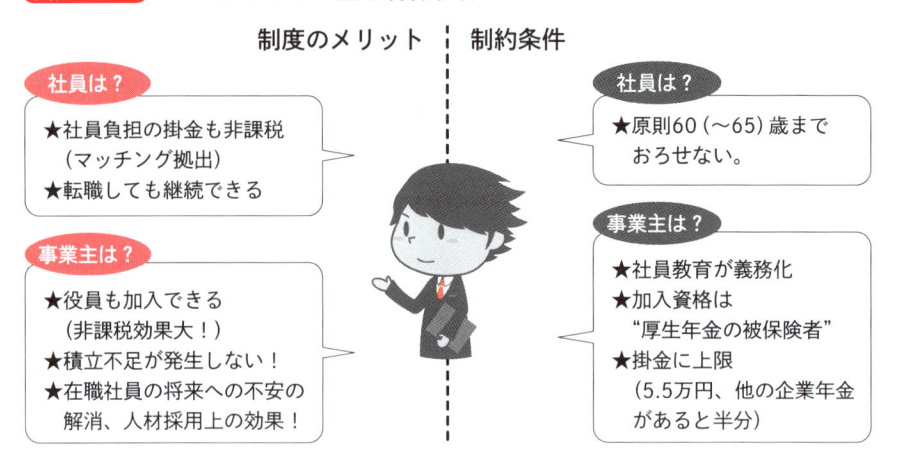

図表10-6 DCのメリットと主な制約事項

制度のメリット ┆ 制約条件

社員は？
★社員負担の掛金も非課税
　（マッチング拠出）
★転職しても継続できる

事業主は？
★役員も加入できる
　（非課税効果大！）
★積立不足が発生しない！
★在職社員の将来への不安の
　解消、人材採用上の効果！

社員は？
★原則60（～65）歳まで
　おろせない。

事業主は？
★社員教育が義務化
★加入資格は
　"厚生年金の被保険者"
★掛金に上限
　（5.5万円、他の企業年金
　があると半分）

んでくるケースが多くなります。転職先に企業型DCがなければ、掛金はもとより、年間数千円の管理料を自腹で負担し、また金融機関から提供される情報等も咀嚼できないまま制度を続けることになりますので、転職先にDCがあるかないかは転職者にとって大きな関心ごとになります。人材の採用・確保に際し他社との競合上、これからの企業にとって避けては通れない検討課題です。

② "60歳まではおろせない" のは決定的な欠点か？

　加入者にとって、大きな制約事項とされていますが、確実に何十年先の備えを作ろうとしたら誰かに預けて絶対におろさないぐらいの覚悟がないと年金づくりなどなかなかできません。

　若い社員は一般に退職金への意識は薄いですが、年金への不安や関心はかなり強く、一定レベルの教育さえできれば、筆者の経験上、60歳までおろせないことが社員にとってネックになるとは思いません。

③ "投資教育が必要"も欠点か？

社員が自ら将来に備えるDCは、リスクの高い運用商品もあり社員教育が義務付けられており、事業主にとっては確かに負担になります。

しかし、年金が年々目減りしていくなかで、社員が将来に安心し、長く働いてもらうためには、制度を導入する・しないにかかわらずライフプランを考え自立意識を喚起する教育だけは本当に必要な時代になってきたのではないでしょうか。

■ 中小企業に急速に普及している選択制確定拠出年金

（1）制度のアウトライン

前述のような一般的な企業型DCとはちょっと異なった非常に特徴あるしくみが特に中小企業に急速に普及し出しています。

その特徴は、①事業主負担の掛金が少額であっても（掛金負担が困難な場合でも）労使併せて掛金限度枠の5.5万円（他に企業年金があればその半分）まで社員が自由に掛金を選択できる、②社員が負担した掛金も非税金、かつ社会保険料の対象外、③金融機関が引き受けない20人、10人以下の企業でも引き受けている取扱機関もある、等です。

（2）どんな仕組み？

この仕組みを話す前に、ユニクロが採用しているDCのしくみを説明すると話がわかりやすくなります。ユニクロは適格年金制度を廃止してDCに移行しました。従業員に一律に当時のDCの掛金上限額を掛金原資として用意し、これを10等分してDCの掛金に回すか、給与（前払退職金）として受け取るかを自由に選ばせる方法を採り、社員がライフプランに応じて柔軟に選択できるユニークなしくみと注目されました。

しかし、この方法を中小企業が取り入れようとしても、企業がそんなに掛金を負担できません。でも、この掛金原資を労使で用意し合うことはで

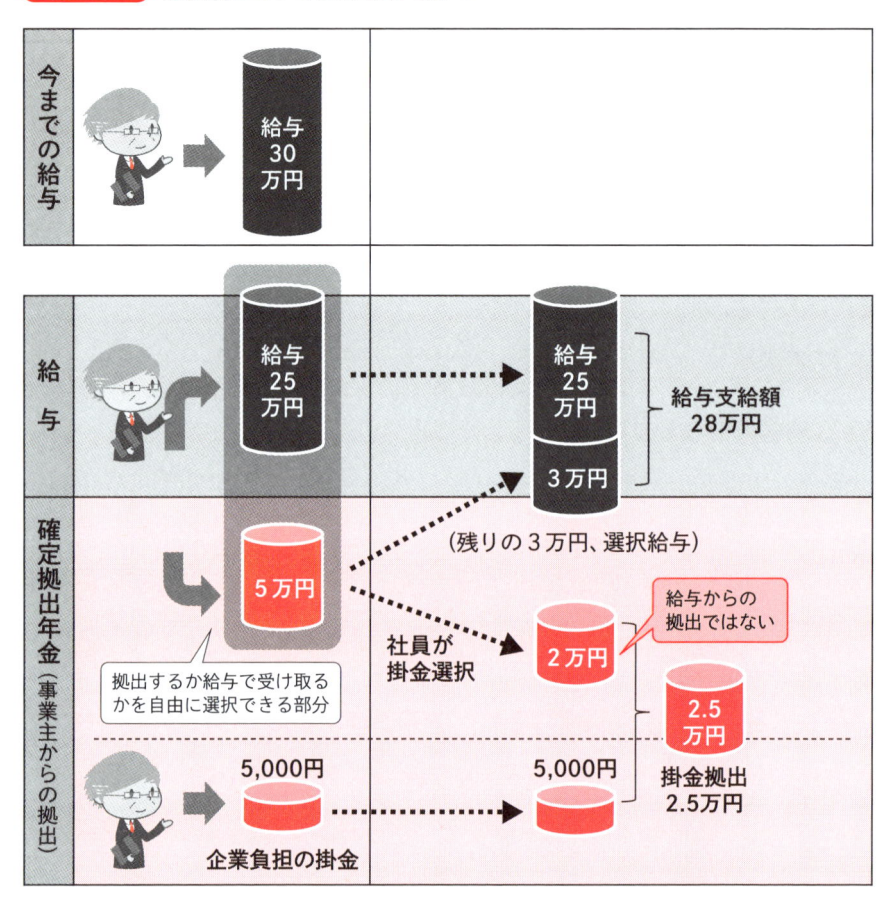

図表10-7 選択制DCってどんなしくみ？

今までの給与
給与 30万円

給与
給与 25万円 → 給与 25万円
3万円
給与支給額 28万円

（残りの3万円、選択給与）

確定拠出年金（事業主からの拠出）
5万円
拠出するか給与で受け取るかを自由に選択できる部分

社員が掛金選択
2万円
給与からの拠出ではない
2.5万円
掛金拠出 2.5万円

5,000円 → 5,000円
企業負担の掛金

きます。

図表10-7に制度の概要をします。

現在の掛金上限は5.5万円です。会社が5,000円負担してくれるなら、5万円だけを給与から外して、給与ではなく、あくまで会社から拠出する掛金原資とすれば、ユニクロと同じ仕組みができあがります。

たとえばA社は千円単位で社員が自由に掛け金を選択できるようにしています。掛金拠出を選択しない人は、会社の5,000円だけが掛け金となり、

あとは全部給与になりますから従来となにも変わりません。

　2万円をDCに拠出した人は会社の5,000円とあわせて2.5万円の掛金拠出となり、給与は今まで30万円ならば今月の支給額は28万円となります。

　この制度のメリットは、給与から掛金を拠出しているのではないのでマッチング拠出のような掛金の制限はありませんし、掛金拠出分は社会保険料もかかりません。DCだから税金もかかりません。運用中も受給時も他の退職金制度と同様で税制優遇されますから非常に有利な年金づくりが行えます。

　大手企業でも既に多数導入されていますが、代理店等を通して中小企業が導入するケースでは、"給与から拠出しているのではない"ということをキチンと伝えられず混乱を起こすことが少なくないようです。

　掛金を等級や職位で差をつけたい等、制度設計は他の制度と同様に決められます。給与天引きのように年末調整も不要で、日常の管理は極めて単純です。

（3）留意点も多々。特に過剰PRにはご注意を！

　この制度は社員が拠出を選択した分だけ給与支給額が減ることになるので、それによって標準報酬月額の等級が下がると社会保険料が軽減されます。

　その反面、健康保険の傷病給付金、育児介護休業手当、労災や雇用保険等社会保障に多少なり影響がでてきます。また将来の厚生年金の支給にも影響がでることになります。

　社会保険料や税金軽減分を将来に活かせばよいのですが、毎月の給与のなかで浪費してしまい、かつ掛金もゼロ金利の元本確保商品で寝かしてしまえば、資産は増えず社会保障も減るだけで逆効果になりかねません。

　売る側もそのあたりのポイントを理解していないケースが多いので選択制DCに批判的な見解も耳にします。しかし、いろいろなケースをシミュ

レーションすると、ごく初歩的なお金を活かす知識の範囲で理解、納得できる課題です。

　しかし、まともに教育ができないでメリットばかりを主張すると加入者に迷惑をかけることになります。この選択制の制度に限らず、確定拠出年金導入の成否はひとえにライフプランと運用の教育次第です。

　それから、もう一つ留意すべき点があります。

　前述のように、社員の社会保険料負担が減れば、社会保険料は労使折半なので必然的に事業主の負担も軽減されます。そのため「社会保険料を大幅に減らしませんか」と甘言されがちですが実態はそんなおいしい話にはなりません。

　社員1人が等級をさげても事業主の負担軽減はせいぜい年間に3万円台から6万円程度であり、大した人数でない企業で大きな効果を期待することに無理があります。また、それ以前の問題としてライフプランや投資教育が本当に効果を発揮し、いまの給与を削ってでも将来に備えようとする自覚を喚起できなければ、自分の等級が下がるほどの掛金拠出をするわけがありません。まして企業には制度を導入することで毎月、管理料（事務費）が発生します。

　今の世間一般の導入時研修の実態を考えると、絵に描いた餅に終わっているケースが多いように思えてなりません。コストダウン効果が出ないということで制度をやめてしまった企業の話も耳にします。

　筆者の経験上、教育をきちんとやることで上記の管理料負担分は相殺できても、せいぜいこの程度の副次的な効果に過ぎず、あくまでも人材採用と将来に安心して社員に長く働いてもらうための福利厚生の制度です。

　しかし、社員に不利にならないようにきちんと納得でき、そして社員が自ら将来に備えようとする意識を喚起できる教育が伴えば、社員にとっても事業主にとっても、選択制DCも従来のDCも他の企業年金・退職金の制度では期待できない効果を秘めた検討に値する制度と思います。

第11章
あなたのライフプランを
シミュレーションしてみましょう

さあ、最後のテーマです。
将来に備えて今から毎月いくらぐらいの準備が必要か？…
あなたのポートフォリオなら？
そしてタンス預金だったら？

本書は投資が目的ではありません。すべてこの章への
アプローチで、投資はそのための手段でした。

書籍なのでシミュレーションを手計算用に作り替えて
みました。手順は極めて単純ですので、本書の集大成
のつもりでお付き合いください。

1 シニアライフの生活費は どの程度不足する？

■ Kさんのポートフォリオでライフプランを考える

　Kさんは本人が40歳（大卒）、妻は35歳（高卒）で、妻は出産するまで会社勤めしていました。

　Kさんが退職年齢になるころには、おそらく年金の支給開始も定年もずっと先へ伸びていると思います。しかし、確定している話ではありませんので、とりあえず今の60歳定年で、継続雇用を経て65歳から年金生活、ということにします。

　厚労省が公表している将来の年金の目減りの程度も、計算根拠としている経済情勢、運用利回り、育児政策など女性の労働環境、高齢者の就業環境等がかなり甘めと指摘されており、見通しの悪い中ではありますが、現在、厚労省や総務省等の発表数字をもとにごく大ざっぱながらライフプランを考え合ってみましょう。

　図表11-1はKさんのポートフォリオです。債券を75％と慎重に考えました。企業年金連合会なら長期的に年利3％程度を目指す構成になります。老後は定期預金と債券で90％、定期預金はとりあえず0.1％の利回りで計算した結果、1.5％程度の運用利回りを想定してライフプランを立てることにしました。

■ 年金の目減りで、将来の生活費はどの程度不足するの？

　それでは早速、Kさんが将来いくらぐらいの年金が受け取れるのか、そして生活費をなんとか賄えそうなのかを公表されている一般的な数字を使って確認してみましょう。

図表11-1 Kさんが想定しているポートフォリオ

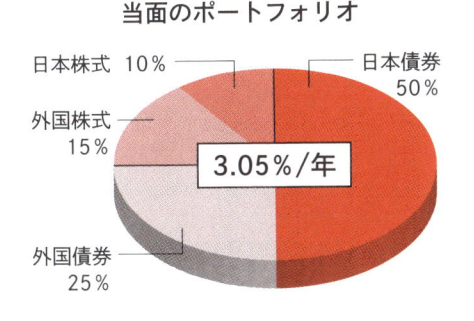

当面のポートフォリオ

日本株式 10%
外国株式 15%
外国債券 25%
日本債券 50%
3.05%/年

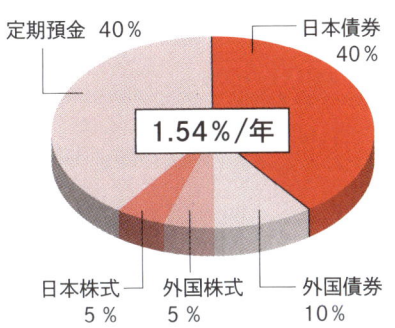

60歳以降のポートフォリオ

定期預金 40%
日本債券 40%
1.54%/年
日本株式 5%
外国株式 5%
外国債券 10%

　図表11-2の数字を書き込んだシートで説明します。章末に白紙のシート（**図表11-7〜図表11-9**）を付けてありますので、あとでコピーしてご自身のプランを計算してみてください。マス目がたくさんあって面倒くさそうですが計算は極めて単純です。

　それでは今まで通りなら年金がいくらぐらい支給されるはずなのか、厚労省が想定している将来の年金額はいくらぐらいになりそうなのかを、まずKさんについて計算してみましょう。

　（10）に今の年齢、40歳を書き込みました。

　次にいまの年金支給状況を書き込みます。**図表11-3**の総務省の参考資料Aから（11）に大卒の厚生年金11.4万円、（12）に国民年金（満額）の6.5万円、したがって、（13）のKさんの年金の合計欄は月に17.9万円となります。

　次に（14）はKさんが65歳になるまでの年数で25年。

　ここで**図表11-3**の右の図^(☆)から25年後、Kさんが65歳時の厚生年金の想定支給率として（15）に0.83、（16）に国民年金の0.74を書き込みます。そうすると（17）の将来の厚生年金給付額は（11）の11.4万円×（15）の0.83で9.46万円になります。

図表11-2 老後生活費の不足額は？

Ⅰ．年金の現在の給付額と将来の給付額

■1．男性（月額、万円）

	今の年齢	年金が目減りしない	年金が目減りする		
		支給額(①)	65歳迄の年数	65歳の支給率(②)(図表11-3参照)	65歳の給付額(①×②)
厚生年金	(10) 40	(11) 11.40	(14) 25	(15) 0.83	(17) 9.46
国民年金		(12) 6.50		(16) 0.74	(18) 4.81
（計）		(13) 17.90			(19) 14.27

■2．女性（月額、万円）

	今の年齢	年金が目減りしない	年金が目減りする		
		支給額(①)	65歳迄の年数	65歳の支給率(②)(図表11-3参照)	65歳の給付額(①×②)
厚生年金	(20) 35	(21) 1.67	(24) 30	(25) 0.80	(27) 1.34
国民年金		(22) 6.50		(26) 0.70	(28) 4.55
（計）		(23) 8.17			(29) 5.89

■3．男女の合計（月額、万円）

	年金が目減りしない	年金が目減りする
男性	(30) 17.90	(33) 14.27
女性	(31) 8.17	(34) 5.89
（計）	(32) 26.07	(35) 20.16

Ⅱ．老後の生活費は？（万円）

毎月	(40) 27

Ⅲ．不足額は？（万円）

	年金が目減りしない	年金が目減りする
毎月	(50) ▲ 0.9	(52) ▲ 6.8
毎年	(51) ▲ 11	(53) ▲ 82

図表11-3 基礎数字

参照資料A

■雇用形態別の年金月額（総務省H26年）

現行制度で新卒から60歳定年までフル勤務した場合の平均年金額（企業規模10人以上の人数平均）

万円

大卒男性	厚生年金	11.4
	国民年金	6.5
高卒男性	厚生年金	9.0
	国民年金	6.5
大卒女性	厚生年金	9.5
	国民年金	6.5
高卒女性	厚生年金	7.0
	国民年金	6.5

参照資料B

■出産まで会社勤めだった女性の厚生年金

便宜上、年間20万円（月1.67万円）程度として計算してみてください。

参照資料C

■老後の生活費（月額）

（1）総務省家計調査（H26年）
　①無職夫婦
　　26.9万円（内、税・社保料等2.9万円）
　②無職単身
　　15.4万円（内、税・社保料等1.0万円）

（2）生命保険文化センターのアンケート
　　　調査（H28年）
　①最低生活費平均は22万円
　②ゆとり生活費は約35万円

☆65歳時の年金支給乗率

65歳迄の年数	厚生年金	国民年金
30年以上	0.80	0.70
29	0.81	0.71
28	0.81	0.72
27	0.82	0.73
26	0.82	0.73
25	0.83	0.74
24	0.84	0.75
23	0.84	0.76
22	0.85	0.77
21	0.86	0.78
20	0.86	0.79
19	0.87	0.80
18	0.87	0.81
17	0.88	0.82
16	0.89	0.83
15	0.89	0.84
14	0.90	0.85
13	0.91	0.86
12	0.91	0.87
11	0.92	0.88
10	0.93	0.89
9	0.94	0.90
8	0.94	0.91
7	0.95	0.92
6	0.96	0.93
5	0.96	0.94
4	0.97	0.95
3	0.98	0.96
2	0.99	0.98
1	0.99	0.99
0	1.00	1.00

同様にして、（18）の国民年金給付額は6.5万円×0.74で4.8万円。したがって、（19）の将来の支給額の合計は14.27万円。従来なら毎月17.9万円支給されたものが14.27万円に２割ほど目減りすることになります。

　奥さんの場合は、（21）の厚生年金を**図表11-3**の参照資料Bから便宜的に1.67万円として、あとはKさんの計算に準じてください。将来は8.17万円から5.89万円へと28％ほど目減りすることになります。

　以上の計算結果を（30）から（34）に転記したうえで合計すると、従来なら夫婦で（32）の26.07万円支給されるはずが、将来は（35）の20.16万円となり、約23％目減りすることになります。

　次に**図表11-3**の参考資料Cから（40）に老後の生活を書き込んでください。

　現在の世間平均なら約27万円、最低生活なら22万円、ゆとり生活なら35万円。

　生活費を27万円とすると（50）は（32）−（40）で、従来なら月に▲0.9万円、年間で（51）の11万円ほどの不足で済むはずが、（52）のように（35）−（40）で月▲6.8万円、年間で（53）のように82万円ほど不足することになってしまいます。

■ いまのルールでの自分の年金額をもう少し具体的に知りたい

　ところで**図表11-3**の内容は確定しているものではありません。2014年に厚労省が年金財政検証の結果を元に、「年金受給者に現役世代の年収の半分を給付するという前提で社会環境を考慮して総合的に試算すると、30年位のスパンで厚生年金を20％、国民年金を30％ほど目減りさせざるを得ない」とした年金政策をもとに、厚労省と確認し合ったうえで年金の漸減過程を筆者が独自に表にしたものにすぎません。

　なお、現行制度で自分の年金額がいくらぐらいになりそうか、もう少し具体的に確認したい場合は日本年金機構の年金ネットで試算したり、社

会保険事務所で相談を受けてもらえます。しかし50歳以上の人は今の保険料を60歳まで払い続ける前提で推定額を確認できますが、50歳未満の人は、現在までの実績はこうだという確認しかできません。それでも、自分の推定額のイメージだけでもつかみたいという人は、街頭で主催する年金相談コーナーや例えば「街角年金塾」のような社会保険労務士の団体に相談すれば、「一般論として60歳までの給与・賞与がこんなケースだと想定し、あなたの標準報酬月額がこの程度と考えると乗率、加入年数から、この位の年金額になるのでは……」ぐらいのアドバイスは年金のプロから丁寧に説明してもらえると思います。

　本書ではこうした細かい計算には触れません。調査データ等の公表数字から概測する程度に留めます。必要に応じて皆さんの納得する数字を使っていただければと思います。

2 今から いくらぐらいの準備が必要？

■ タンス預金ではいくらの備えが必要？

　Kさん夫婦の将来の不足額が年間82万円とわかったところで、それでは、いまからどれぐらいの準備が必要かを確認してみましょう。

・まず、タンス預金で備える場合は？

　図表11-4を使います。シニアライフの年数を25年とすると、82万円×25年で年金生活に入るときに2,050万円の備えが必要です。即ち、定年の60歳の時までにこれだけの準備が必要だということですね（**図表11-4①**）。

　もし、Kさんに1,000万円の退職金が見込めれば、自分で用意する額は

図表11-4　毎月の必要積立額は？（タンス預金で備える場合は）

① 65歳（＝60歳）での必要額は？

老後の生活費不足額は年間	（1）	82	万円
老後の年数は	（2）	25	年
従って、必要額は	（3）	2,050	万円 （＝（1）×（2））

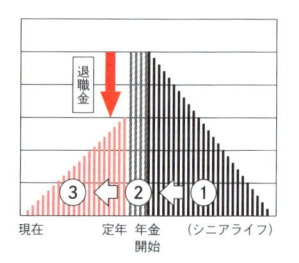

② 定年（60歳）での必要準備額は？

退職金推定額（一時金換算で）	（4）	1,000	万円
従って、必要準備額は	（5）	1,050	万円 （＝（3）－（5））

③ 毎月の必要積立額は？

今から定年までの月数は	（6）	240	ケ月
従って、毎月の積立は	（7）	4.4	万円 （＝（5）÷（6））

1,050万円ということになりますね（**図表11-4②**）。

　Kさんは40歳ですから60歳まで20年、240ヶ月ありますから、今から毎月4.4万円蓄えていくことになります。退職金がなければ毎月の備えは8.5万円。いずれにしても大変な数字です。でも年金のプロは「現実はもっと厳しい」と指摘しています（**図表11-4③**）。

■ シニアライフを何年に設定したらいいのか？

　シニアライフ期間を何年にしたらいいか迷う場合は章末に記載した**図表11-6**の平均余命表を参考にしてください。

　Kさんが年金生活を始める65歳の時の平均余命は約20年（19.46年）。そのとき奥さんは60歳になっています。表から60歳女性の平均余命は約29年（28.83年）となります。したがって、夫婦で老後を考えるなら平均をとって25年としました。今後の高齢化を考えたら妻の平均余命に合わせて年数を設定する等、柔軟に考えてください。

　きちんとライフプランを考えようとしたら、Kさんの場合20年間は2人、それ以降の約10年の奥さんの生活費は2人の場合の70％等で計算することになりややこしくなります。ところが妻1人の時は出ていく生活費もやすくなりますが、入ってくる年金も少なくなります。そのため、シミュレーションすると、2人に分けても大ざっぱに平均を出しても大した差が出ません。そんな重箱の隅のことよりも年金が一体どうなるのか、そちらの誤差の方がはるかに大きそうです。

　2人に分けて計算しながら、何十年先も年金の方は今まで通りに出るようなライフプランを見かけますが筆者には本末転倒に思えてなりません。

■ では、運用しながら備えたら？

　図表11-5が最後の説明で、この本の集大成となります。さあ、タンス預金と比べ、負担がどれぐらい軽くなるか楽しみですね。今度もまた、マ

第11章

ス目がたくさんありますが、巻末の表と見比べて数値を書き込んでいくだけですから、全然難しい話ではありません。

　文字を読むよりも表を眺めた方がわかりやすいかもしれませんが、上から順に一通り説明させていただきます。

図表11-5 毎月の必要積立額は？（運用して備える場合は）

■1．65歳での必要額は？

老後の年数は	(10)	25	年
老後の運用利回りは	(11)	1.5	％/年
表Dから必要準備額は老後の生活費1万円につき	(12)	21.03	万円
老後の不足額は年間	(13)	82	万円
従って、65歳での必要額は	(14)	1,724	万円 (= (12) × (13))

表D

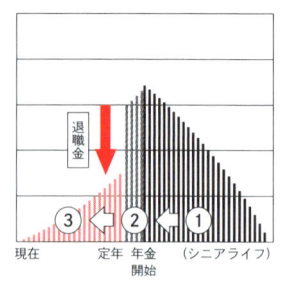

現在　定年　年金　（シニアライフ）
　　　　　　開始

■2.定年（60歳）での必要準備額は?

据置年数は	(20)	5	年
この間の利回りは	(21)	1.5	％/年
表Cから、65歳で1万円になるための60歳時の必要額は	(22)	0.928	万円
従って、60歳時の必要額は	(23)	1,600	万円 (= (14) × (22))
しかし、60歳で退職金支給が	(24)	1,000	万円
従って、必要準備額は	(25)	600	万円 (= (23) - (24))

表C

■3.毎月の必要積立額は？

今から定年までの月数は	(30)	20	年
この間の利回りは	(31)	3	％/年
表Aから毎月1万円積み立てたときの60歳の残高は	(32)	328	万円
従って、毎月の必要積立額は	(33)	1.83	万円 (= (25) ÷ (32))

表A

（1）65歳での必要額は？

シニアライフの年数（10）は25年、Kさんの60歳以降の運用利回り（11）は1.5％に想定していました。それでは、表Dを開いてください。25年間1.5％で運用して資産を膨らませながら、毎年1万円ずつ取り崩していくには65歳の時に、25年と1.5％の交点の21.03万円（12）が必要だということです。

Kさんは毎年82万円（13）を取り崩すのですから65歳の時に82万円×21.03で1,724万円（14）が必要だということになります。タンス預金なら2,050万円必要でしたが運用しながら取り崩すので、これだけ準備負担が軽くなるということですね。

（2）60歳の時にいくら備えていればいいのか？

60歳で定年を迎え、雇用延長期間を経て、65歳の年金開始年齢からシニアライフに入るまでの5年間、資金を寝かせて運用していますから60歳の時は1,724万円よりもっと少なくていいはずですね。

65歳までの据え置き年数（20）は5年。この間の利回り（21）も1.5％とすると、表Cから65歳で1万円になるには60歳の時に0.928万円（22）あればいいことがわかります。したがって、65歳で1,724万円にするには60歳の時に、1,724万円×0.928で1,600万円（23）あればいいことがわかりました。

Kさんは退職金（24）を1,000万円もらいますので、60歳での必要準備額（25）は1,600万円−1,000万円であと600万円だけ自助努力で備えることになります。

なお、一言補足しておきますと、定年が65歳で、いきなりシニアライフに入るケースもだんだん多くなりました。この場合は、上記の60歳から65歳の試算を飛ばして、65歳時の必要額と、この後で説明する今から定年までの必要準備計算を直結させてお使いください。

（3）では、今から60歳まで幾ら準備すればいいの？

　さあ、もう一息です。Kさんは定年まで20年あります（30）。

　この間の利回り（31）は年3％でした。表Aで毎月1万円ずつ3％で運用すると20年後はその交点の328万円（32）になっています。

　従って、20年後に600万円つくるには、毎月の積立額（33）は、600万円÷328万円で1.8万円ということになります。タンス預金なら4.4万円積み立てる必要がありました。

　現在40歳のKさんは定年まであと20年ですが、それでも複利運用の効果を実感できませんか？　もし、Kさんが今25歳でしたら、60歳の時に600万円つくるのに毎月の積立は8,150円で済んでしまいます。

　ライフプランは本当に早く手がけることが大切ですね。

3 補足事項

■ Kさんが手持ちの現金もあわせて老後に備えたいとしたら？

　Kさんが手元資金のうち100万円をスポットで投資して老後の準備に回したいとします。運用利回りは2.5％/年を想定しています。

　この場合、毎月の必要積立額はいくらになるでしょう？

＜計算＞

・**図表11-5**で60歳での必要準備額は退職金を1,000万円予定しているので、あと600万円を今から準備していく必要がありました（表欄(25)）。

・さてここで、100万円をスポット投資して、20年間2.5％で運用した時の残高を計算します。

　表Bから、1万円、20年、2.5％の残高は1.639万円ですから、100万円なら163.9万円になります。

　そうすると、60歳時の必要準備額の不足分は、600万円から163.9万円を引いた430.7万円ということのなります。

・Kさんの積立の予定利回りは3％で20年1万円を積み立てた時の残高は表Aから328万円でした（**図表11-5**の表欄(32)）。

・したがって、毎月の準備額は430.7万円÷328万円で約1.3万円ということになります。

■ 老後の住まいを賃貸で考えると今からどういう準備になるのか、ローンを組んだ場合は？

①賃貸の場合

　図表11-2で「Ⅱ.老後の生活費（表欄40）」に家賃を加えることにな

ります。

・例えば、都内で2DKの家賃を月10万円として結論だけ示すと、Kさんが世間並みの老後生活を目指す場合は、タンス預金だと毎月の準備額は16.8万円、Kさんが想定している利回りで準備すると月9万円になります。

これではきつ過ぎるということで、最低生活で計算してみると、タンス預金の場合は月10.6万円、運用しながら備えると月5.4万円になります。

② ローンを組んだ場合

・ライフプランの計算は従来通りですが、定年の時にローン残を清算するつもりなら、「**図表11-5の表欄（24）**」の退職金のところからローン残額を差し引くことになります。退職金が少なかったり、ない場合は、この欄がマイナスになります。

③ 比較検討

将来の賃貸生活に備えて上記①で行くか、それともローンを組んで②で計算した準備額と毎月のローン返済額をあわせた出費で考えるかを比較をしながら将来の方針を立てることになります。

いずれも、毎月、かなりの負担になりますが、それでも運用利回りゼロで考えるか、自分の想定した利回りで考えるかで準備額は相当に違ってきます。

■ 将来のインフレにどう備えるのか？

本書のライフプランシミュレーションは将来のインフレが考慮されていません。

インフレになるなら、生活費にしろ年金にしろ徐々に膨らんでいくはずです。ですから掛金も相応に増やしていかなくてはなりません。

物価指数の対前年比をみて掛金を調整する等いろいろ考えられますが、厳密に考える必要もありません。

ライフプランを立てたところ、2万円積み立てることにしたとすれば、例えば2万円が基準内賃金の何％位になるのかを確認しておき、来年以降はその％で調整してみる等のごく大ざっぱな感覚で十分だと思っています。

■ 年金開始年齢等が変更されたら？

　いま、年金開始年齢は65歳ですが、これから70歳、75歳へと先延ばしされていくことでしょう。それに伴って、定年もうしろにずれていくことになるでしょう。でも、ライフプランの計算方法は変わりません。老後の生活期間、年開始時点の必要額、年金開始までの据置期間、今からの積立期間等を実態に応じて計算すればいいだけの話です。

　以上で本書は終わりとなりますが、さて、いかがでしたでしょうか。ご自身の将来へのライフプランは立ちましたか。そして、運用を身近に感じられるようになったでしょうか。

　第5章のように、ちょっとややこしい部分もありましたが最終的に導き出された結論は想像以上に単純な話に過ぎなかったと思いませんか？

　毎月コツコツと積み立てる充実感の中でいつか、あの本に出会ってよかったと思っていただける日があったら、著者としてはうれしい限りです。どうか将来にいい夢を描いてください。

　なお、ご意見等がございましたら、著者紹介欄のメールでご一報いただけたら幸いです。

図表11-6　平均余命表

（厚生労働省 平成27年簡易生命表より）　　　（歳）

年齢	平均余命（男）	平均余命（女）
50	32.39	38.13
51	31.48	37.19
52	30.57	36.25
53	29.67	35.31
54	28.77	34.38
55	27.89	33.45
56	27	32.52
57	26.13	31.6
58	25.27	30.67
59	24.41	29.75
60	23.55	**28.83**
61	22.71	27.92
62	21.88	27.01
63	21.06	26.11
64	20.25	25.21
65	**19.46**	24.31
66	18.67	23.42
67	17.9	22.54
68	17.14	21.66
69	16.38	20.79
70	15.64	19.92
71	14.91	19.06
72	14.19	18.21
73	13.49	17.37
74	12.79	16.53
75	12.09	15.71
76	11.42	14.89
77	10.75	14.09
78	10.11	13.31
79	9.49	12.54
80	8.89	11.79

老後生活費の不足額は？

Ⅰ．年金の現在の給付額と将来の給付額

■1．男性（月額、万円）

	今の年齢	年金が目減りしない		年金が目減りする		
		支給額（①）	65歳迄の年数	65歳の支給率（②）（図表11-3参照）	65歳の給付額（①×②）
厚生年金	(10)	(11)	(14)	(15)	(17)
国民年金		(12)		(16)	(18)
（計）		(13)			(19)

■2．女性（月額、万円）

	今の年齢	年金が目減りしない		年金が目減りする		
		支給額（①）	65歳迄の年数	65歳の支給率（②）（図表11-3参照）	65歳の給付額（①×②）
厚生年金	(20)	(21)	(24)	(25)	(27)
国民年金		(22)		(26)	(28)
（計）		(23)			(29)

■3．男女の合計（月額、万円）

	年金が目減りしない	年金が目減りする
男性	(30)	(33)
女性	(31)	(34)
（計）	(32)	(35)

Ⅱ．老後の生活費は？（万円）

毎月	(40)

Ⅲ．不足額は？（万円）

	年金が目減りしない	年金が目減りする
毎月	(50)	(52)
毎年	(51)	(53)

図表11-8 毎月の必要積立額は？（タンス預金で備える場合は）

■1．65歳（＝60歳）での必要額は？

老後の生活費不足額は年間	(10)	万円
老後の年数は	(11)	年
従って、必要額は	(12)	万円 （＝(10)×(11)）

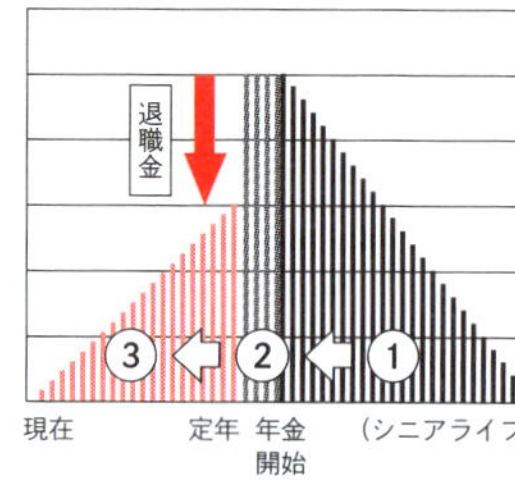

■2．定年（60歳）での必要準備額は？

退職金推定額（一時金換算で）	(20)	万円
従って、必要準備額は	(21)	万円 （＝(12)−(20)）

■3．毎月の必要積立額は？

今から定年までの月数は	(30)	ケ月
従って、毎月の積立は	(31)	万円 （＝(21)÷(30)）

図表11-9 毎月の必要積立額は？（運用して備える場合は）

■ 1．65歳での必要額は？

老後の年数は	(10)	年
老後の運用利回りは	(11)	％/年
表Dから必要準備額は老後の生活費1万円につき	(12)	万円
老後の不足額は年間	(13)	万円
従って、65歳での必要額は	(14)	万円 （＝(12)×(13)）

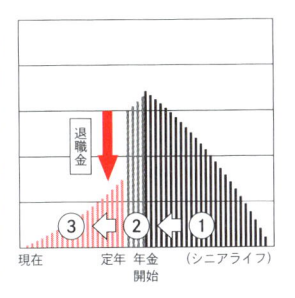

表D

■2.定年（60歳）での必要準備額は?

据置年数は	(20)	年
この間の利回りは	(21)	％/年
表Cから、65歳で1万円になるための60歳時の必要額は	(22)	万円
従って、60歳時の必要額は	(23)	万円 （＝(14)×(22)）
しかし、60歳で退職金支給が	(24)	万円
従って、必要準備額は	(25)	万円 （＝(23)-(24)）

表C

■3.毎月の必要積立額は？

今から定年までの月数は	(30)	年
この間の利回りは	(31)	％/年
表Aから毎月1万円積み立てたときの60歳の残高は	(32)	万円
従って、毎月の必要積立額は	(33)	万円 （＝(25)÷(32)）

表A

第11章

表A　毎月１万円ずつ積み立てた時の終価は？

例：毎月１万円ずつ20年積み立てた場合、年利4.5％なら20年後は386万円に。（元本は240万円）

（単位：万円）

年数	運用利回り　（年率）																
	(元本)	0.5%	1%	1.5%	2%	2.5%	3%	3.5%	4%	4.5%	5%	5.5%	6%	7%	8%	9%	10%
1	12	12	12	12	12	12	12	12	12	12	12	12	12	12	13	13	13
2	24	24	24	24	25	25	25	25	25	25	25	25	26	26	26	26	27
3	36	36	37	37	37	37	38	38	38	39	39	39	39	40	41	41	42
4	48	48	49	49	50	51	51	52	52	53	53	54	54	55	56	58	59
5	60	61	62	62	63	64	65	66	66	67	68	69	70	72	73	75	77
6	72	73	74	75	77	78	79	80	81	83	84	85	86	89	92	95	98
7	84	86	87	89	90	92	93	95	97	99	100	102	104	108	112	116	120
8	96	98	100	102	104	106	108	111	113	115	118	120	123	128	133	139	145
9	108	110	113	116	118	121	124	127	130	133	136	139	142	149	156	164	172
10	120	123	126	129	133	136	140	143	147	151	155	159	163	172	181	191	201
11	132	136	140	144	148	152	156	161	165	170	175	180	185	197	208	221	234
12	144	148	153	158	163	168	173	179	184	190	196	202	209	223	237	253	270
13	156	161	167	172	178	184	190	197	204	211	218	226	234	251	269	289	310
14	168	174	180	187	194	201	208	216	224	233	242	251	260	281	303	327	354
15	180	187	194	202	210	218	227	236	245	255	266	277	288	313	340	369	402
16	192	200	208	217	226	236	246	256	268	279	292	304	318	347	379	415	454
17	204	213	222	232	243	254	265	278	290	304	318	334	349	384	422	465	513
18	216	226	237	248	260	272	286	300	314	330	347	364	383	423	469	519	576
19	228	239	251	264	277	291	306	322	339	357	376	397	418	465	519	579	647
20	240	252	266	280	295	311	328	346	365	386	407	431	456	510	573	643	724
21	252	266	280	296	313	331	350	370	392	415	440	467	495	559	631	714	809
22	264	279	295	313	331	351	372	395	420	446	474	505	537	610	694	791	903

	276	293	310	329	350	372	396	421	449	479	511	545	582	665	762	875	1,005
23	276	293	310	329	350	372	396	421	449	479	511	545	582	665	762	875	1,005
24	288	306	325	346	369	393	420	448	479	512	548	587	629	724	835	966	1,119
25	300	320	341	364	389	415	445	476	511	548	588	632	680	787	915	1,065	1,243
26	312	333	356	381	408	438	470	505	543	585	630	679	733	855	1,001	1,174	1,380
27	324	347	372	399	429	461	496	535	577	623	674	729	789	927	1,093	1,292	1,531
28	336	361	388	417	449	485	524	566	613	664	720	781	849	1,005	1,193	1,421	1,696
29	348	375	404	435	471	509	551	598	649	706	768	837	912	1,087	1,301	1,561	1,879
30	360	388	420	454	492	534	580	631	688	750	819	895	979	1,176	1,418	1,714	2,079
31	372	402	436	473	514	559	610	665	727	796	872	956	1,050	1,271	1,544	1,881	2,300
32	384	416	452	492	536	586	640	701	769	844	928	1,021	1,126	1,372	1,680	2,063	2,542
33	396	431	469	512	559	612	672	738	812	894	987	1,090	1,206	1,481	1,826	2,261	2,809
34	408	445	486	531	583	640	704	776	856	947	1,048	1,162	1,290	1,597	1,985	2,478	3,103
35	420	459	503	552	606	668	737	815	903	1,002	1,113	1,239	1,380	1,721	2,156	2,713	3,426
36	432	473	520	572	631	697	772	856	951	1,059	1,181	1,319	1,475	1,854	2,341	2,970	3,781
37	444	488	537	593	655	726	807	898	1,002	1,119	1,252	1,404	1,576	1,996	2,541	3,250	4,172
38	456	502	554	614	681	757	843	942	1,054	1,182	1,327	1,494	1,683	2,148	2,757	3,555	4,602
39	468	517	572	635	706	788	881	987	1,108	1,247	1,406	1,588	1,797	2,311	2,990	3,887	5,075
40	480	531	590	656	733	820	919	1,034	1,165	1,315	1,489	1,688	1,917	2,486	3,242	4,250	5,595
41	492	546	608	678	759	852	959	1,082	1,224	1,387	1,575	1,793	2,044	2,672	3,514	4,645	6,167
42	504	561	626	701	787	886	1,000	1,132	1,285	1,462	1,666	1,904	2,179	2,871	3,807	5,075	6,796
43	516	576	644	723	815	920	1,042	1,184	1,349	1,540	1,762	2,021	2,323	3,085	4,124	5,545	7,488
44	528	591	663	746	843	955	1,086	1,238	1,415	1,621	1,862	2,144	2,474	3,313	4,467	6,056	8,250
45	540	606	681	770	872	991	1,131	1,293	1,484	1,707	1,968	2,275	2,635	3,558	4,837	6,614	9,087
46	552	621	700	793	902	1,028	1,177	1,351	1,555	1,796	2,079	2,412	2,806	3,819	5,236	7,222	10,009
47	564	636	719	817	932	1,066	1,224	1,410	1,630	1,889	2,195	2,557	2,986	4,099	5,668	7,884	11,022
48	576	651	739	842	963	1,105	1,273	1,472	1,707	1,986	2,317	2,710	3,178	4,398	6,133	8,606	12,137
49	588	666	758	866	994	1,145	1,324	1,536	1,788	2,088	2,445	2,872	3,381	4,719	6,637	9,394	13,363
50	600	682	778	891	1,026	1,186	1,375	1,602	1,871	2,194	2,580	3,042	3,596	5,061	7,180	10,252	14,712

表B スポットで1万円投資した時の終価は？

例：今、1万円をスポットで投資した場合、年利4.5％なら
20年後は2.412万円に。

(単位：万円)

年数	(元本)	0.5%	1%	1.5%	2%	2.5%	3%	3.5%	4%	4.5%	5%	5.5%	6%	7%	8%	9%	10%
1	1.000	1.005	1.010	1.015	1.020	1.025	1.030	1.035	1.040	1.045	1.050	1.055	1.060	1.070	1.080	1.090	1.100
2	1.000	1.010	1.020	1.030	1.040	1.051	1.061	1.071	1.082	1.092	1.103	1.113	1.124	1.145	1.166	1.188	1.210
3	1.000	1.015	1.030	1.046	1.061	1.077	1.093	1.109	1.125	1.141	1.158	1.174	1.191	1.225	1.260	1.295	1.331
4	1.000	1.020	1.041	1.061	1.082	1.104	1.126	1.148	1.170	1.193	1.216	1.239	1.262	1.311	1.360	1.412	1.464
5	1.000	1.025	1.051	1.077	1.104	1.131	1.159	1.188	1.217	1.246	1.276	1.307	1.338	1.403	1.469	1.539	1.611
6	1.000	1.030	1.062	1.093	1.126	1.160	1.194	1.229	1.265	1.302	1.340	1.379	1.419	1.501	1.587	1.677	1.772
7	1.000	1.036	1.072	1.110	1.149	1.189	1.230	1.272	1.316	1.361	1.407	1.455	1.504	1.606	1.714	1.828	1.949
8	1.000	1.041	1.083	1.126	1.172	1.218	1.267	1.317	1.369	1.422	1.477	1.535	1.594	1.718	1.851	1.993	2.144
9	1.000	1.046	1.094	1.143	1.195	1.249	1.305	1.363	1.423	1.486	1.551	1.619	1.689	1.838	1.999	2.172	2.358
10	1.000	1.051	1.105	1.161	1.219	1.280	1.344	1.411	1.480	1.553	1.629	1.708	1.791	1.967	2.159	2.367	2.594
11	1.000	1.056	1.116	1.178	1.243	1.312	1.384	1.460	1.539	1.623	1.710	1.802	1.898	2.105	2.332	2.580	2.853
12	1.000	1.062	1.127	1.196	1.268	1.345	1.426	1.511	1.601	1.696	1.796	1.901	2.012	2.252	2.518	2.813	3.138
13	1.000	1.067	1.138	1.214	1.294	1.379	1.469	1.564	1.665	1.772	1.886	2.006	2.133	2.410	2.720	3.066	3.452
14	1.000	1.072	1.149	1.232	1.319	1.413	1.513	1.619	1.732	1.852	1.980	2.116	2.261	2.579	2.937	3.342	3.797
15	1.000	1.078	1.161	1.250	1.346	1.448	1.558	1.675	1.801	1.935	2.079	2.232	2.397	2.759	3.172	3.642	4.177
16	1.000	1.083	1.173	1.269	1.373	1.485	1.605	1.734	1.873	2.022	2.183	2.355	2.540	2.952	3.426	3.970	4.595
17	1.000	1.088	1.184	1.288	1.400	1.522	1.653	1.795	1.948	2.113	2.292	2.485	2.693	3.159	3.700	4.328	5.054
18	1.000	1.094	1.196	1.307	1.428	1.560	1.702	1.857	2.026	2.208	2.407	2.621	2.854	3.380	3.996	4.717	5.560
19	1.000	1.099	1.208	1.327	1.457	1.599	1.754	1.923	2.107	2.308	2.527	2.766	3.026	3.617	4.316	5.142	6.116
20	1.000	1.105	1.220	1.347	1.486	1.639	1.806	1.990	2.191	2.412	2.653	2.918	3.207	3.870	4.661	5.604	6.727
21	1.000	1.110	1.232	1.367	1.516	1.680	1.860	2.059	2.279	2.520	2.786	3.078	3.400	4.141	5.034	6.109	7.400
22	1.000	1.116	1.245	1.388	1.546	1.722	1.916	2.132	2.370	2.634	2.925	3.248	3.604	4.430	5.437	6.659	8.140

n																	
23	1.000	1.122	1.257	1.408	1.577	1.765	1.974	2.206	2.465	2.752	3.072	3.426	3.820	4.741	5.871	7.258	8.954
24	1.000	1.127	1.270	1.430	1.608	1.809	2.033	2.283	2.563	2.876	3.225	3.615	4.049	5.072	6.341	7.911	9.850
25	1.000	1.133	1.282	1.451	1.641	1.854	2.094	2.363	2.666	3.005	3.386	3.813	4.292	5.427	6.848	8.623	10.835
26	1.000	1.138	1.295	1.473	1.673	1.900	2.157	2.446	2.772	3.141	3.556	4.023	4.549	5.807	7.396	9.399	11.918
27	1.000	1.144	1.308	1.495	1.707	1.948	2.221	2.532	2.883	3.282	3.733	4.244	4.822	6.214	7.988	10.245	13.110
28	1.000	1.150	1.321	1.517	1.741	1.996	2.288	2.620	2.999	3.430	3.920	4.478	5.112	6.649	8.627	11.167	14.421
29	1.000	1.156	1.335	1.540	1.776	2.046	2.357	2.712	3.119	3.584	4.116	4.724	5.418	7.114	9.317	12.172	15.863
30	1.000	1.161	1.348	1.563	1.811	2.098	2.427	2.807	3.243	3.745	4.322	4.984	5.743	7.612	10.063	13.268	17.449
31	1.000	1.167	1.361	1.587	1.848	2.150	2.500	2.905	3.373	3.914	4.538	5.258	6.088	8.145	10.868	14.462	19.194
32	1.000	1.173	1.375	1.610	1.885	2.204	2.575	3.007	3.508	4.090	4.765	5.547	6.453	8.715	11.737	15.763	21.114
33	1.000	1.179	1.389	1.634	1.922	2.259	2.652	3.112	3.648	4.274	5.003	5.852	6.841	9.325	12.676	17.182	23.225
34	1.000	1.185	1.403	1.659	1.961	2.315	2.732	3.221	3.794	4.466	5.253	6.174	7.251	9.978	13.690	18.728	25.548
35	1.000	1.191	1.417	1.684	2.000	2.373	2.814	3.334	3.946	4.667	5.516	6.514	7.686	10.677	14.785	20.414	28.102
36	1.000	1.197	1.431	1.709	2.040	2.433	2.898	3.450	4.104	4.877	5.792	6.872	8.147	11.424	15.968	22.251	30.913
37	1.000	1.203	1.445	1.735	2.081	2.493	2.985	3.571	4.268	5.097	6.081	7.250	8.636	12.224	17.246	24.254	34.004
38	1.000	1.209	1.460	1.761	2.122	2.556	3.075	3.696	4.439	5.326	6.385	7.649	9.154	13.079	18.625	26.437	37.404
39	1.000	1.215	1.474	1.787	2.165	2.620	3.167	3.825	4.616	5.566	6.705	8.069	9.704	13.995	20.115	28.816	41.145
40	1.000	1.221	1.489	1.814	2.208	2.685	3.262	3.959	4.801	5.816	7.040	8.513	10.286	14.974	21.725	31.409	45.259
41	1.000	1.227	1.504	1.841	2.252	2.752	3.360	4.098	4.993	6.078	7.392	8.982	10.903	16.023	23.462	34.236	49.785
42	1.000	1.233	1.519	1.869	2.297	2.821	3.461	4.241	5.193	6.352	7.762	9.476	11.557	17.144	25.339	37.318	54.764
43	1.000	1.239	1.534	1.897	2.343	2.892	3.565	4.390	5.400	6.637	8.150	9.997	12.250	18.344	27.367	40.676	60.240
44	1.000	1.245	1.549	1.925	2.390	2.964	3.671	4.543	5.617	6.936	8.557	10.546	12.985	19.628	29.556	44.337	66.264
45	1.000	1.252	1.565	1.954	2.438	3.038	3.782	4.702	5.841	7.248	8.985	11.127	13.765	21.002	31.920	48.327	72.890
46	1.000	1.258	1.580	1.984	2.487	3.114	3.895	4.867	6.075	7.574	9.434	11.739	14.590	22.473	34.474	52.677	80.180
47	1.000	1.264	1.596	2.013	2.536	3.192	4.012	5.037	6.318	7.915	9.906	12.384	15.466	24.046	37.232	57.418	88.197
48	1.000	1.270	1.612	2.043	2.587	3.271	4.132	5.214	6.571	8.271	10.401	13.065	16.394	25.729	40.211	62.585	97.017
49	1.000	1.277	1.628	2.074	2.639	3.353	4.256	5.396	6.833	8.644	10.921	13.784	17.378	27.530	43.427	68.218	106.719
50	1.000	1.283	1.645	2.105	2.692	3.437	4.384	5.585	7.107	9.033	11.467	14.542	18.420	29.457	46.902	74.358	117.391

巻末資料

237

表C 60歳で退職、5年据置いて65歳から取り崩すような場合、65歳で1万円になるには60歳時にいくらあればいい？

> 例：退職60歳、5年据え置いて65歳から取り崩すとする。
> 　　65歳のとき1万円になるには60歳時にいくらあればいいか？
> 　　→この間、2.0％/年で運用するなら、60歳で0.906万円あればいい。
>
> 　　→したがって、65歳で表Dの例題の19.91万円になるには、
> 　　　60歳で19.91万円×0.906＝18.04万円あればいい。

（単位：万円）

利回り	据置き期間			
	1年	3年	5年	10年
	15	20	25	30
0.0%	1.000	1.000	1.000	1.000
0.5%	0.995	0.985	0.975	0.951
1.0%	0.990	0.971	0.951	0.905
1.5%	0.985	0.956	0.928	0.862
2.0%	0.980	0.942	0.906	0.820
2.5%	0.976	0.929	0.884	0.781
3.0%	0.971	0.915	0.863	0.744
3.5%	0.966	0.902	0.842	0.709
4.0%	0.962	0.889	0.822	0.676
4.5%	0.957	0.876	0.802	0.644
5.0%	0.952	0.864	0.784	0.614
5.5%	0.948	0.852	0.765	0.585
6.0%	0.943	0.840	0.747	0.558
6.5%	0.939	0.828	0.730	0.533
7.0%	0.935	0.816	0.713	0.508
8.0%	0.926	0.794	0.681	0.463
9.0%	0.917	0.772	0.650	0.422
10.0%	0.909	0.751	0.621	0.386
11.0%	90.1	73.1	59.3	35.2
12.0%	89.3	71.2	56.7	32.2
13.0%	88.5	69.3	54.3	29.5
14.0%	87.7	67.5	51.9	27.0
15.0%	87.0	65.8	49.7	24.7

**毎年、1万円ずつ取り崩したいなら
年金開始時にいくらあればいい?**

> 例: 老後を25年、その間2.0%/年で運用しながら毎年1万円ずつ残高から
> 取り崩そうと思ったら、リタイア時に19.91万円あればいい。
> (タンス預金なら25万円必要)

(単位:万円)

利回り	シニアライフ期間			
	15年	20年	25年	30年
	15	20	25	30
0.0%	15.00	20.00	25.00	30.00
0.5%	14.49	19.08	23.56	27.93
1.0%	14.00	18.23	22.24	26.07
1.5%	13.54	17.43	21.03	24.38
2.0%	13.11	16.68	19.91	22.84
2.5%	12.69	15.98	18.88	21.45
3.0%	12.30	15.32	17.94	20.19
3.5%	11.92	14.71	17.06	19.04
4.0%	11.56	14.13	16.25	17.98
4.5%	11.22	13.59	15.50	17.02
5.0%	10.90	13.09	14.80	16.14
5.5%	10.59	12.61	14.15	15.33
6.0%	10.29	12.16	13.55	14.59
6.5%	10.01	11.73	12.99	13.91
7.0%	9.75	11.34	12.47	13.28
8.0%	9.24	10.60	11.53	12.16
9.0%	8.79	9.95	10.71	11.20
10.0%	8.37	9.36	9.98	10.37
11.0%	7.98	8.84	9.35	9.65
12.0%	7.63	8.37	8.78	9.02
13.0%	7.30	7.94	8.28	8.47
14.0%	7.00	7.55	7.84	7.98
15.0%	6.72	7.20	7.43	7.55

巻末資料

〔著者紹介〕

細入　徹（ほそいり とおる）

1級DCプランナー、中小企業診断士。一般社団法人確定拠出年金アドバイザリー協会代表理事、細入事務所代表。

■大学卒業後エレクトロニクス、出版を経てFP業界で大手中堅生保各社を対象にソフト開発に従事。平成10年に事務所開設。平成29年11月に社労士、公認会計士等と一般社団法人を設立し、中小企業向けの確定拠出年金の普及と確定拠出年金加入者の8割・9割が堅実に運用を始め出すライフプラン・投資教育の普及、及び退職金・企業年金制度の総合サポートに注力中。

■主な執筆に「確定拠出年金の導入に当たって」（みずほ総合研究所、BUSINESS TOPICS、2016.10）、「（最新事例集）確定拠出年金を導入した企業、断念した企業」（税務研究会　スタッフアドバイザー、2013.11）他多数。広く講演活動を行う。

（一社）確定拠出年金アドバイザリー協会　http://www.dc-advisory.net
細入事務所　http://www.hosoiri.com
　　　　　hoso@fa.mbn.or.jp

※本書は、従来刊行していた「お金は増える！」（2018年4月13日初版発行）のタイトルを変更し、所要の改訂を加えて刊行したものです。

将来の年金不安を解消したいなら 今すぐiDeCo・つみたてNISAをはじめなさい

2019年11月29日　　初版第1刷発行

著　　者	細入　徹
発 行 者	伊藤　滋
発 行 所	株式会社 自由国民社
	〒171-0033 東京都豊島区高田3-10-11
	http://www.jiyu.co.jp/
	電話03-6233-0781（営業）　03-6233-0786（編集）
本文DTP	有限会社 中央制作社
印 刷 所	横山印刷株式会社
製 本 所	新風製本株式会社
装　　丁	小島文代